Marie Nasemann
FAIRKNALLT

MARIE NASEMANN

FAIRKNALLT

Mein grüner Kompromiss

Ullstein

Wir verpflichten uns zu Nachhaltigkeit
- Klimaneutrales Produkt
- Blauer Engel zertifiziertes Papier
- ullstein.de/nachhaltigkeit

In diesem Buch geht es um Kompromisse – und auch ein Buch zu drucken, erfordert ab und zu Kompromisse. Es gibt dabei so viel zu beachten: Herstellprozesse, Transportwege, Recycling oder nicht ... Holz und Papier sind wertvolle Ressourcen, deshalb wird dieses Buch auf Recyclingpapier gedruckt.

Ullstein extra ist ein Verlag der Ullstein Buchverlage
www.ullstein-buchverlage.de

1. Auflage Juni 2021
© Ullstein Buchverlage GmbH, Berlin, 2021
Satz und Repro: LVD GmbH, Berlin
Gesetzt aus der Albertine MT Pro
Druck und Bindearbeiten: GGP Media GmbH, Pößneck
ISBN 978-3-86493-164-2

Für meine Kinder

Inhaltsverzeichnis

Einleitung 9
Kapitel 1 – Von Geschenkeorgien zu Marie Kondo .. 25
Kapitel 2 – Eine Reise in die Vergangenheit 49
Kapitel 3 – Der große Bruch 69
Kapitel 4 – Was kostet die Freiheit? 95
Kapitel 5 – Eine oder keine 111
Kapitel 6 – Verwandlung ohne Kompromisse 131
Kapitel 7 – Hinter dem Tellerrand 153
Kapitel 8 – Auf die Plätze, fertig, Ehrlichkeit! 179
Kapitel 9 – Under Pressure 197
Kapitel 10 – Purzelbäume for Future! 213

Schluss 225
Dank 229
Anhang 231
Quellen 243

Einleitung

Neulich hatte ich auf einer öffentlichen Toilette (die ja für gewöhnlich nicht unbedingt dazu einlädt, über Gott und die Welt nachzudenken) eine Erkenntnis. Während ich da mit zehn Zentimetern Sicherheitsabstand und arbeitender Oberschenkelmuskulatur über der Schüssel hockte, dachte ich über das Schild nach, das an der Toilettentür hing. Auf diesem Schild stand: »Bitte hinterlassen Sie das WC so, wie Sie es gern vorfinden wollen.« Diesen Spruch kann man auf alle möglichen Bereiche des Lebens anwenden. Die WG-Küche will man so vorfinden, wie man sie hinterlassen hat, und nicht mit einer Spüle voll mit dreckigem Geschirr und einem leer gegessenen Kühlschrank. Wenn man eine neue Arbeitsstelle antritt, erwartet man, dass der/die Vorgänger*in einem weder eine krümelige Schublade noch komplettes Chaos in den Unterlagen hinterlassen hat. Und wenn jemand stirbt, hat er hoffentlich vorher ein Testament verfasst, damit die Angehörigen wissen, wie diese Person beerdigt werden möchte, und sich die Familie nicht über das Erbe zerstreitet.

Diesen simplen Klospruch können wir auch auf unseren Planeten anwenden. Wir möchten, wenn wir auf diese Welt kommen, ein Zuhause vorfinden, das intakt ist, das uns die

Möglichkeit gibt, uns hier auch wirklich zu Hause zu fühlen. Wir möchten, dass unsere Vorfahren uns einen Planeten hinterlassen, der im Gleichgewicht ist. Dass er fruchtbare Böden, artenreiche Wälder und gesunde Meere hat. Seit der Industrialisierung und dem Drang der Menschen, immer mehr zu besitzen, sich schneller fortzubewegen, zu reisen und tierische Produkte zu essen, ging die Rechnung von Jahr zu Jahr weniger auf. Innerhalb der letzten fünfzig Jahre haben wir (im globalen Norden) alles getan, um unser eigenes Vergnügen zu maximieren und die Lebensfähigkeit zukünftiger Generationen aufs Spiel zu setzen.

Aktuell leben circa 7,6 Milliarden Menschen auf der Erde. Tendenz steigend. Jede*r einzelne von ihnen möchte ein gutes, glückliches und erfülltes Leben führen, auch wenn viele nur damit beschäftig sind, zu ÜBERleben. Alle Menschen haben Hunger und Durst, der gesättigt und gestillt werden muss. Alle wollen ein Dach über dem Kopf haben, und die meisten wollen sich auch etwas Schönes anziehen. Viele Menschen wollen Geld verdienen, sich davon Dinge kaufen, die sie glücklich machen sollen, und viele wollen sich in der Welt fortbewegen, da der Mensch ein neugieriges Wesen ist.

Dem Planeten geht es dabei aber schlecht. Er kommt nicht hinterher, all diese Bedürfnisse der 7,6 Milliarden Menschen gleichzeitig zu erfüllen. Eigentlich hätte er die Kapazitäten, aber wir im globalen Norden verbrauchen viel zu viel auf Kosten anderer Menschen, etwa denen aus dem globalen Süden, und eben auf Kosten des Planeten.

Ich glaube, es schaffen nur sehr wenige Menschen, im Einklang mit der Natur zu leben. Also wirklich im Einklang mit ihr. Nicht nur auf die »Wir haben ein Häuschen in der Uckermark und genießen die Natur fernab des Berliner Stadttrubels«-Art, wie es bei uns im Berliner Stadtteil Prenzlauer Berg gerade sehr modern ist. Ich meine damit, dass man genauso viel zurückgibt, wie man bekommen hat. Dabei fällt mir die Geschichte eines YouTubers ein (an dessen Namen ich mich leider nicht mehr erinnere), der damit berühmt wurde, ein Zero-Waste-Leben zu führen. Meine Mutter würde ihn wohl einen »Aussteiger« nennen. Jahrelang war er komplett ohne eigenen Besitz unterwegs. Alles, was er zum Leben brauchte, führte er in einem kleinen Rucksack mit sich. In dem Rucksack befanden sich auch ein Handy und ein Computer, und so hielt er sein Nomadenleben digital fest und teilte es über einen Blog mit der Welt. Nach einigen Jahren wurde er sesshaft und bewohnte eine kleine selbst gebaute Hütte. Auf dem Dach dieser Hütte montierte er Solarpanel für die unabhängige Stromversorgung. Aufgekratzt lief er in seinen Videos barfuß, mit dreckigen Füßen durch seinen kleinen Garten, zeigte dem Zuschauer stolz sein angebautes Gemüse und seinen Komposthaufen hinter dem Haus. Eine rostige Regenrinne fing das Wasser für seine Outdoordusche, sein Plumpsklo und seine tägliche Wasserversorgung auf. Er lebte ein komplett unabhängiges Leben. Unabhängig von Supermärkten, Stromanbietern, Müllabfuhren. Wirklich im Einklang mit der Natur. Alles, was er verbrauchte, stellte er selbst her. Kein Plastikmüll, nicht mal ein Stückchen Toilettenpapier, das nicht recycelt werden konnte. Das Einzige, was er nicht aus der Natur gewinnen konnte, war das Internet, und hin und wieder kaufte er sich sicherlich eine neue kakifarbene Cargohose, wenn die alte nicht mehr zu flicken war.

Ich war fasziniert von diesem Lebensstil, aber wollte ich mit ihm tauschen? Könnte ich ein Leben ohne alles führen? Ohne meinen Kleiderschrank, Make-up und die Bilder an meinen Wänden? Ein Leben ohne Fernseher und Netflix, ohne meine alten Tagebücher und Kalender voller Erinnerungen und ohne ein Auto, mit dem ich jederzeit fahren konnte, wohin ich wollte?

Ganz ehrlich: Nein. Aber was ist die Alternative? Besitz anhäufen, wie es meine Großeltern ihr Leben lang getan haben? Zwei große Häuser voll nutzvoller, aber meist unnützer Dinge. Sachen, die am Ende eines Lebens, abgesehen von ein paar Einrichtungsgegenständen, Bildern und Fotoalben, im Müll landen. Soll ich einen Großteil meines Lebens vor dem Computer verbringen, immer viel arbeiten, wie meine Eltern es getan haben, um mir teure Fernreisen, Segelboote und große Autos leisten zu können? Will ich einen Kleiderschrank besitzen, der so prall gefüllt ist, dass man nicht mehr erkennen kann, was sich alles in ihm verbirgt?

Irgendwie nicht. Auch wenn ich davon überzeugt bin, dass meine Großeltern und auch meine Eltern ein glückliches Leben führen und geführt haben – ist es das Leben, das ich führen möchte? Und wenn ja, auf welche Kosten führe ich es?

Um besser verstehen zu können, wieso ich so lebe, wie ich heute lebe, werfe ich einen Blick in meine Familiengeschichte.

Meine Großeltern haben den Krieg erlebt. Sie wussten, was es heißt, nichts zu besitzen und bei null wieder anzufangen. Wer kann ihnen da verübeln, dass eines der Lebensziele war, viel zu besitzen. Mein Opa Kurt finanzierte sein Jurastudium mit Jazzmusik, wurde später erfolgreicher Jurist und Politiker und liebte es, sich mit Immobilien zu beschäftigen. Neben seinem Beruf und ehrenamtlichen Engagements verbrachte er viel Zeit damit, Wohnungen zu kaufen und zu verkaufen. Opa

Kurt und Oma Helga waren Schwaben und bedienten einige Schwabenklischees. Wann immer ein Raum verlassen wurde, musste dort das Licht ausgeknipst werden. Und so gut wie nie gingen wir mit meinen Großeltern essen, weil es »zu teuer« war. Im hohen Alter fuhr mein Opa auch gegen den ausdrücklichen Wunsch seiner Kinder immer selbst Auto, um das Taxigeld zu sparen. Seine silberfarbene Mercedes-Limousine sammelte mehr und mehr Kratzer, von denen niemand wusste, woher sie kamen. Im Winter wurde bei den beiden nur wenig geheizt, und nach dem alljährlichen mehrtätigen Besuch bei ihnen zu Weihnachten fuhr ich stets fluchend mit einem dicken Schnupfen wieder nach Hause. Ich kann mich nicht daran erinnern, dass meine Großeltern je mit einem Flugzeug geflogen sind. Urlaube verbrachten sie im Allgäu oder am Gardasee, später am Tegernsee.

Meine Großeltern waren zeit ihres Lebens immer sparsam gewesen und vermachten ihren drei Kindern ein anständiges Erbe, worüber die sich natürlich freuten. Aber ich hätte mir für meinen Opa gewünscht, er hätte weniger Geld gespart und sich dafür sein Leben und das meiner Oma (die immer in der Küche stand) hier und da etwas leichter (und sicherer!) gemacht. Ohne, dass sie es wahrscheinlich reflektierten, waren meine Großeltern mit ihren Licht-aus-Regeln, dem sparsamen Heizen und den Reisen recht nachhaltig unterwegs gewesen und haben mir einen sparsamen Lebensstil nahegebracht. Zumindest zieht mich mein Freund hin und wieder auf, wenn ich zum Beispiel eine Zahnpastatube aufschneide, um den allerletzten Rest dort herauszukratzen. Oder wenn er einen halb verschimmelten Pfirsich wegschmeißen möchte und ich mich theatralisch dazwischen schmeiße, um ihn mit einem lauten »Halt, stopp!« davon abzuhalten. Dann schneide ich die vergammelte Hälfte ab und präsentiere ihm stolz das unversehrte Stück Obst: »Guck, der ist doch noch gut.«

Für meinen anderen Opa, Theo, war das Essen die größte Leidenschaft. Er schmierte sich immer so dick Butter aufs Brot, dass man den Verzicht erahnen konnte, den er im Krieg erlebt hatte. Es gab viel Fleisch im Haushalt der Großeltern väterlicherseits, und meine Oma bereitete die köstlichsten Braten zu. Meine Großeltern besaßen zwei Öfen, wobei ich mir nicht sicher bin, ob mein Opa die je zu Gesicht bekommen hat. Ich erinnere mich nicht daran, ihn auch nur ein einziges Mal in der Küche gesehen zu haben. An Ostern kochte meine Oma gerne mal zwei ganze Gänse für die Großfamilie. Wenn ich in Anwesenheit meines Opas nicht aufaß, ließ er nicht locker, bis ich den Teller doch noch irgendwie leer kratzte. Im Hause meiner Großeltern hatte ich meine ersten Food-Komas, da meine Oma gerne so reichhaltige Soßen zubereitete, dass man nach dem Essen nichts anderes tun konnte, als zu schlafen.

Ausgerechnet mein Opa Theo wurde der Älteste von all meinen Großeltern. Und das, obwohl er Diabetiker war, bestimmt Bluthochdruck und schreckliche Cholesterinwerte hatte und in seinem vergilbten Arbeitszimmer nach jedem Mittagessen eine dicke kubanische Zigarre rauchte. Aber er zog auch jeden Morgen seine Bahnen im hauseigenen Schwimmbad. Ein eigenes Schwimmbad – Umweltsünde und Must-have Nummer eins einer jeden 70er-Jahre-Villa. Und in seinem Fall die sportliche Kompensation seines großen Hobbys, dem Essen.

Für meine Großeltern gehörte neben dem Familienglück der Immobilienbesitz auf der einen und der kulinarische Genuss auf der anderen Seite zum Lebensglück dazu. Beide Paare wohnten in großen Häusern mit sehr vielen Zimmern, die wiederum sehr viele Gegenstände beinhalteten, die nur selten zum Einsatz kamen. Zum Beispiel gab es dort mindestens drei oder vier unterschiedliche Geschirrservice, dekorative Handpuppen, Zinnsoldaten und eine Vielzahl an Zinn- und Bierkrügen, aus denen niemals jemand trank. Wer wo und unter welchen Bedingungen diese ganzen Dinge herstellte oder welche Lebensumstände die Tiere gehabt hatten, die man aß, spielte keine Rolle. Man war einfach dankbar für sein eigenes gutes Leben, genauso wie man dankbar war, dass der Krieg vorbei war.

Für diese Generation und diese privilegierte Gesellschaftsschicht, zu Zeiten des Wirtschaftswunders, ging nichts über ein großzügiges Zuhause. Am besten mit großem Garten mit Pool oder Teich. In der Garage standen die Limousine und ein flotter kleiner Zweitwagen für Wochenendausflüge. Der Preis, den man dafür zahlen musste, waren abwesende Familienväter und Mütter, die an den Herd gefesselt waren.

Viele dieser Werte gibt es in vielen Köpfen heute noch fast genauso, auch wenn Frauen inzwischen ganz andere Möglichkeiten haben. Es gibt ganz unterschiedliche Lebensmodelle, doch das gängigste scheint mir immer noch zu sein: Heiraten, Kinder kriegen, Haus bauen. Ich erwische mich selbst immer wieder dabei, wie ich meinen Großeltern nacheifern möchte und am liebsten ein großes Zuhause für die ganze Familie schaffen möchte. Dabei rutsche ich in die Rolle meines Großvaters, jongliere mit den Finanzen und suche nach Immobilien. Aber irgendwann frage ich mich dann doch, ob das wirklich mein Lebensmodell ist. Wie viel Besitz macht mich glücklich? Geht es auch ohne Überfluss?

Meine Eltern, die jeweils ältesten von drei Kindern, taten das, was als Erstgeborene von ihnen erwartet wurde. Beide studierten nicht, was sie eigentlich studieren wollten, so landete meine Mutter bei Jura (statt bei ihrem Wunschfach Archäologie), mein Vater bei Medizin (statt Schiffsbau). Sie konnten sich zeit ihres Lebens nicht gänzlich von ihren Übervätern, die gerne und häufig Machtworte sprachen, emanzipieren. Erst im Alter, als die beiden Väter gebrechlich und weich wurden, war das Verhältnis wirklich gut zwischen ihnen.

Mein Vater ist ein klassischer Workaholic, der, seit ich denken kann, eigentlich immer weniger arbeiten möchte – was ihm mal besser, mal weniger gut gelingt. Er kam unter der Woche zwischen sieben und acht nach Hause und war meist sehr erschöpft. Er beklagte sich oft über das komplizierte bürokratische Gesundheitssystem und musste manchmal an Wochenenden in die Praxis, wenn es einen Notfall gab. Wenn er Zeit hatte, bespaßte er uns Kinder, dachte sich für Kindergeburtstage Schnitzeljagden aus und lernte mit uns Mathe.

Meine Mutter hat neben der Care-Arbeit für drei Kinder auch immer viel gearbeitet. Wann immer Zeit war, zog sie sich in ihr Arbeitszimmer zurück, schrieb juristische Sachbücher und Artikel für die *Süddeutsche Zeitung*. Sie predigte mir von klein auf, mich niemals abhängig von einem Mann zu machen und finanziell unabhängig zu sein. Diesen Rat befolge ich bis heute. Meine Mutter kochte jeden Tag frisch, war super organisiert, und ihr Terminkalender war sicherlich der wichtigste Gegenstand im Haus, ohne den ein Riesenchaos ausgebrochen wäre. Sie fuhr uns ständig durch die Gegend, war immer auf die Minute pünktlich und ermöglichte uns drei Kindern unzählige Freizeitaktivitäten.

Ich hatte eine sehr idyllische und schöne Kindheit im Vorort von München. Feld und Wald boten viele Möglichkeiten, mich mit meinem zwei Jahre älteren Bruder Philipp und meinem ein Jahr jüngeren Bruder Moritz auszutoben. Das Freibad war um die Ecke und der Sportverein nicht weit. Unser Reihenhaus, in dem meine Mutter noch heute wohnt, hat einen schönen Garten, und jedes Kind hatte sein eigenes Zimmer. Meine Mutter hatte immer eine Hilfe für den Haushalt, und diverse Au-pair-Mädchen mussten sich über die Jahre mit uns Kindern herumschlagen. Wir waren im Laufe meiner Jugend Haustierbesitzer diverser Katzen, Meerschweinchen, Zwergkaninchen, Mäuse und eines Hamsters. Ich würde so weit gehen und sagen, ich hatte eine Kindheit wie aus dem Bilderbuch.

Als ich 18 Jahre alt war, trennten sich meine Eltern Hals über Kopf, und für mich brach eine Welt zusammen. Die Vorstadtidylle wurde plötzlich zur dramatischen Seifenoper, und es dauerte viele Jahre, meinen Frieden mit der neuen Situation zu machen. Heute habe ich neben meinen beiden Brüdern eine zuckersüße sechsjährige Halbschwester.

Das ist die Welt, in die ich hineingeboren wurde, und das möchte ich an dieser Stelle ausdrücklich sagen: Ich habe verdammtes Glück gehabt, und das ist mir auch bewusst! Meine Lebenssituation ist – im Gegensatz zu der von fast allen anderen Menschen auf der Welt – absolut bevorteilt. Privilegiert würde man in den sozialen Netzwerken sagen, wobei ich neulich gelesen habe, dass privilegiert nur Menschen sind, die per Gesetz bevorteilt sind, was zum Glück in Deutschland nicht mehr der Fall ist. Aber es ist leider immer noch ein ungeschriebenes Gesetz, dass man in diesem Land mehr Chancen auf ein zumindest beruflich erfolgreiches Leben hat, wenn man hier geboren ist, deutsche Eltern hat, weiß ist und keine körperlichen und seelischen Einschränkungen hat. Kinder von Akademiker*innen werden oft auch zu Akademiker*innen, und es ist immer noch schwieriger für Menschen aus einem wirtschaftlich schwächeren Umfeld aufzusteigen. Wenn du dieses Buch liest, dann habe also immer im Hinterkopf, dass das alles aus meiner persönlichen, sehr bevorzugten Perspektive geschrieben ist, weil das die einzige Perspektive ist, die ich wirklich gut kenne und in meinem Leben am eigenen Leib erfahren habe. Ich kann aber empfehlen, hin und wieder die Perspektive zu wechseln, indem man sich mit anderen Lebenssituationen auseinandersetzt. Dafür habe ich eine kleine Liste zum Perspektivwechsel in der Mitte des Buches erstellt. Je mehr man sich mit anderen Lebensrealitäten beschäftigt, desto objektiver kann man die eigene reflektieren.

Apropos Akademiker*innen: Mein Berufsweg verlief anders als von meinen Eltern und mir geplant. Ohne Studium und mit etwas, das meine Eltern »brotlose Kunst« nennen würden. Die Arbeitsweise und Sozialisation meiner Eltern hatte aber natürlich dennoch Einfluss auf mich, und Tage, an denen ich produktiv bin und arbeite, sind meist glücklicher als Tage, an denen ich faulenze.

Mein Berufsweg verlief durch die Teilnahme an *Germany's Next Topmodel* 2009 sehr früh und sehr plötzlich erfolgreich. Damals war ich 19 Jahre alt und viel früher als gedacht finanziell unabhängig. Mit 23 kaufte ich ein Auto und eine Eigentumswohnung, flog wild durch die Weltgeschichte, und shoppen war mein liebstes Hobby. Doch irgendwann meldete sich mein Gewissen. War das hier alles? Lebte ich mein Leben »richtig«? Ich wollte etwas tun, das einen Sinn ergab, und ein Leben führen, das eben nicht nur aus Konsum bestand.

Es gibt diverse Studien, die belegen, dass Besitz und Wohlstand nur bis zu einem gewissen Grad glücklicher machen. Genau genommen sind das 60.000 Euro Jahresnettoeinkommen. Danach flacht die Kurve ab und kann auch wieder sinken, weil der ganze Besitz irgendwann auch zur Last wird. Doch trotz solcher Studien streben wir immer nach mehr und werden irgendwann richtig gierig. Kein Wunder, dass es oftmals Mehrfachmillionär*innen sind, die ihr vieles Geld in Steueroasen parken und wegen Steuerhinterziehung angeklagt werden. Wieso ist es so schwer, sich gegen die Lust nach mehr zu sträuben?

Wir sind durch den Kapitalismus in einer Wachstumsspirale gefangen, und das System funktioniert nur, wenn wir alle immer mehr konsumieren. Mit kreativer und teurer Werbung wird ein gigantischer Aufwand betrieben, um uns zu vermitteln, was wir alles Neues brauchen. Dinge, von denen wir nicht wussten, dass wir sie brauchen könnten. Unsere Grundbedürfnisse sind ja bereits gestillt, also muss man neue erfinden und uns das Gefühl geben, dass wir ohne sie wertlos oder zumindest nicht schön und erfolgreich genug sind.

Heute befinden wir uns in einer ganz anderen Situation als noch meine Großeltern. Die steckten nach dem Krieg in einer Aufbauphase, in der mehr Besitz ganz klar mehr Glück und mehr Sicherheit bedeutete. Aber was gilt eigentlich für uns?

Ich denke, meine Generation könnte die erste sein, die nicht nur versteht, dass Wohlstand und Glück nicht parallel steigen, sondern die auch zum ersten Mal etwas dagegen unternimmt. Immer weniger Menschen haben Lust, von morgens bis abends in ein Büro zu gehen und auf einen Bildschirm zu gucken. Das Verlangen nach mehr leben und weniger arbeiten ist mit dem omnipräsenten Homeoffice während der Corona-Pandemie aktueller denn je. Wir wollen mehr Zeit haben. Für unsere Familien, unsere Freunde und unsere Hobbys.

Ökologie spielte in meiner Familie keine große Rolle. Es gab zwar nur naturtrüben Apfelsaft zu trinken, und ich trug als Kind die Pullover meines älteren Bruders auf, aber Menschen, die sich für die Umwelt engagierten, waren in den Augen meiner Eltern etwas verschrobene Birkenstock-Träger, die man nicht ernst nehmen konnte. Die Grünen galten lange als unwählbar, und als ich meinen Blog *www.fairknallt.de* über faire Mode gründete, fand meine Mutter das erst mal gruselig und fragte mich, ob ich vorhätte, mich jetzt nur noch in braune Kratzpullover zu kleiden.

Es dauerte also ein bisschen, bis meine Eltern verstanden, was ich wollte, und von meinen Ideen genauso begeistert waren wie ich. Je häufiger jedoch etwas über den Klimawandel oder die Arbeitsbedingungen in der Textilindustrie in der Zeitung stand, desto achtsamer wurden sie. Die Lungen meines Vaters litten mehr und mehr unter der Feinstaubbelastung der Münchner Innenstadt. Er wollte nicht mehr Teil dieser Verpestung sein und legte sich ein Elektroauto zu. Meine Mutter gewöhnte sich an, Fleisch nur noch beim Bio-Metzger zu kaufen. Und auch meine Brüder, die 2010 noch lachen mussten, als ich verkündete, dass ich fortan auf Fleisch verzichten würde, mixen sich inzwischen begeistert grüne Smoothies und lesen Bücher über vegane Ernährung.

Die Klimakrise ist der Generation meiner Eltern heute genauso bewusst wie der Generation meiner Brüder und mir. Man könnte meinen, die Jungen wären unter anderem durch *Fridays for Future* viel empfänglicher für das Thema Klimaschutz. Aber obwohl uns die Krise viel stärker betrifft, zeigte kürzlich eine Studie, dass Ältere viel eher zum Verzicht für den Klimaschutz bereit sind als junge Menschen. Das ist fahrlässig, vor allem, wenn man sich die düsteren Prognosen der Wissenschaftler*innen für die Jahre ab 2050 ansieht. Wenn die Ziele des Pariser Klimaabkommens weiterhin so schlecht eingehalten werden wie aktuell, wird der Meeresspiegel bis dahin um einen halben Meter angestiegen sein. Einige Inseln werden unbewohnbar sein. Zehn Prozent von Bangladesch werden demnach beispielsweise im Wasser verschwinden, was 15 Millionen Menschen in die Flucht treiben würde. Das Wetter wird immer extremer und mit ihm die Naturkatastrophen. 55 Prozent der globalen Bevölkerung wären 20 Tage im Jahr tödlicher Hitze ausgesetzt. Wüsten würden sich ausbreiten. Über eine Milliarde Menschen müssten ihre Heimat verlassen. Nahrungsmittel und Wasser werden knapper, Lebensmittelpreise explodieren. Es ist die Rede von einem »Point of no Return«, dem Punkt für eine irreversible Katastrophe, wenn die Effekte der Klimaveränderung sich selbst verstärken und nicht mehr umkehren oder beeinflussen lassen. Die Folgen wären kaum absehbar, aber man kann davon ausgehen, dass sie zu großen Fluchtbewegungen, Kampf und Kriegen um Ressourcen führen würden, sodass ein Zusammenbruch von Staaten und der internationalen Ordnung, wie wir sie heute kennen, wahrscheinlich wird.

Seit April 2020 bin ich Mutter eines wunderbaren kleinen Sohnes, den ich über alles liebe und beschützen will. Während ich dieses Buch fertigstelle, wächst unser zweites Kind in meinem Bauch heran. Die Klimakrise beschäftigt mich schon lange, aber seit dieses kleine Wesen auf der Welt ist, geht mir das Thema noch viel näher. Es geht für mich jetzt ganz konkret um die Zukunft meiner Kinder. Puh.

Aber wer trägt denn eigentlich die Schuld an der Klimakrise? Sind oder waren unsere Großeltern die bösen Planetenzerstörer, mit ihren Ölheizungen, Benzinautos und ihrem übermäßigen Fleischkonsum? Viele von ihnen sind allerdings nie weit gereist und haben ihre Socken noch mit Nadel und Faden geflickt, bis sie auseinanderfielen. Die Generation unserer Eltern hätte definitiv bewusster leben und bereits einen Wandel einleiten können, denn das Wissen um die Endlichkeit unserer Ressourcen gibt es nicht erst seit gestern. Gesamtgesellschaftlich wurden diese Themen aber ignoriert und den Umweltbewegungen, die es in den Achtzigerjahren ja durchaus gab, nicht allzu viel Bedeutung geschenkt.

Menschen sind Gewohnheitstiere. Und je älter man ist, desto schwieriger wird es, solche Gewohnheiten umzustellen. Ohne politischen Druck ist der Wandel nicht zu bewältigen. Aber auch meine Generation ist nicht unschuldig an der Misere. Viele von uns essen vielleicht flexitarisch und beziehen den Strom von Greenpeace, aber die meisten von uns haben auch schon unzählige Fernreisen gemacht und sind nicht bereit, mehr als zehn Euro für ein T-Shirt auszugeben.

So unmöglich es ist, einen Schuldigen zu finden, so sicher ist auch, dass wir enorm von dem beeinflusst werden, was uns vorgelebt wird. Die Welt lässt sich also verändern, indem wir uns selbst ändern, indem wir unsere Kinder im Bewusstsein für die begrenzten Ressourcen des Planeten erziehen und unsere Mitmenschen für einen nachhaltigen Lebensstil begeistern.

Wenn wir uns dazu entschließen, unseren ökologischen Fußabdruck zu senken, hilft es, sich darüber im Klaren zu sein, dass wir dabei nur begrenzte Möglichkeiten haben. Dass wir immer nur so nachhaltig leben können, wie es unser Umfeld, das System, in dem wir leben, unsere Geschichte, unser Arbeitsplatz, unser Geldbeutel und so weiter hergeben.

Es sei denn, wir entscheiden uns doch dazu, Aussteiger*in zu werden und alles, absolut alles hinter uns zu lassen. Ich habe mich gegen das Aussteigen und für den einfacheren Weg entschieden, der gleichwohl auch nicht immer einfach ist. Denn es ist ein ewiges Abwägen, ein Vor und Zurück. Ein Austeilen und Einstecken. Ein Mich-selbst-Betrügen und ehrlich Fehler eingestehen. Es sind die klassischen Engelchen und Teufelchen auf meinen Schultern, die mir mal gut und mal schlecht zureden. Es ist ein ewiger Kompromiss mit mir selbst und mit meinen Möglichkeiten. Und hoffentlich ist es irgendwann ein Leben, in dem ich rückblickend nichts bereuen muss, sondern über das ich sagen kann: Ich habe alles getan, was ich eben konnte, ohne dabei auf mein persönliches Glück verzichten zu müssen. Für mich und für kommende Generationen.

Ich wünsche mir, am Ende meines Lebens sagen zu können: Ich habe ein erfülltes, sinnvolles Leben geführt, mit Besitz, der mich nicht belastet, sondern der mir Freude und Sicherheit gegeben hat. Mit einem Wohlfühlort, den ich für meine Familie geschaffen habe. Ich möchte ein bisschen was von der Welt gesehen und das Leben genossen haben. Aber alles in einem planetenverträglichen Maß. Ich möchte diesen Ort nicht bloß so verlassen, wie ich ihn vorgefunden habe, sondern ihn ein wenig besser hinterlassen. So lautet jedenfalls mein Plan. Ob er gelingt?

KAPITEL 1

Von Geschenkeorgien zu Marie Kondo

Meine frühesten Kindheitserinnerungen haben mit Geschenken zu tun. Weihnachten war für uns drei Kinder der spektakulärste Tag im Jahr. An Heiligabend spazierten wir immer nachmittags, wenn es langsam dunkel wurde, in die Kirche. Der evangelische Gottesdienst war für uns Kinder jedes Mal sterbenslangweilig. Auf dem Heimweg sauten wir uns mit den kleinen brennenden Kerzen, die man am Ausgang bekam, unsere Dufflecoats ein. Meine Mutter musste die Wachsflecken dann später immer umständlich mit Löschpapier aus den Mänteln bügeln. Sobald wir nach der Kirche wieder zu Hause waren, mussten wir Kinder in der kleinen Küche verschwinden und warten, bis das Christkind seine Arbeit getan hatte. Meine Eltern zündeten in der Zeit die Kerzen des Weihnachtsbaums an. Die Geschenke wurden bereits am Vormittag drapiert, weshalb das Wohnzimmer am 24. tagsüber für uns tabu war.

Ich wusste sehr früh, dass meine Mutter die Geschenke einkaufte, nicht das Christkind. In einer ihrer Schreibtischschubladen fand ich beim heimlichen Kramen unsere krakelig handgeschriebenen Wunschlisten mit bunten Zeichnungen und zusätzlich eine Liste mit ihrer schönen Handschrift, auf der ihre Ideen für uns notiert waren. Diese Liste war für mich natürlich spektakulär spannend. Aber ich ging noch weiter. Schon Wochen vor Weihnachten schlich ich viele Jahre lang heimlich in die »Abseite«, die an das Elternschlafzimmer grenzte. Die Abseite war eine kleine dunkle Abstellkammer, in der Erwachsene nur gebückt stehen konnten, wo Reisekoffer und Kisten mit alten Foto- & Filmaufnahmen gelagert wurden. Dort hatte meine Mutter die großen Einkaufstüten vom Spielwarenhändler Obletter, von Kaufhof und diversen Kleidergeschäften versteckt. Die Geschenke packte meine Mutter zum Glück meistens erst kurz vor Heiligabend in rotes Geschenkpapier ein, weshalb ich, wenn ich rechtzeitig meiner geheimen Leidenschaft nachging, sehen konnte, was ich bekommen würde. Mit pochendem Herzen und der Angst im Nacken, erwischt zu werden, sah ich die Tüten der Reihe nach durch und entdeckte allerlei feine Dinge, wobei manchmal nicht klar war, was davon für mich und was für meine Brüder war. Weihnachten war für mich deshalb meist keine allzu große Überraschung mehr. Nur die Geschenke der Großeltern, Tanten und Patentanten, die erst kurz vor knapp bei uns angekommen waren oder bereits in Geschenkpapier verpackt gelagert wurden, waren noch eine Überraschung.

Erwischt wurde ich beim Stöbern zum Glück nie.

Zurück zu Heiligabend. Wir drei Kinder mussten also die letzten Minuten vor der großen Geschenkeorgie in der Küche verbringen. Das kam uns jedes Jahr wie eine halbe Ewigkeit vor. Wir waren total aufgekratzt und diskutierten, was wohl wer geschenkt bekommen würde. Zur großen Verwunderung meiner Brüder lag ich immer beeindruckend nah an der Realität mit meinen Prognosen. Wir redeten alle durcheinander, irgendjemand pupste vor Aufregung, alle rochen es und versuchten einen Schuldigen zu finden, der dann mit Faustschlägen auf den Oberarm bestraft wurde.

Irgendwann läutete meine Mutter das Glöckchen – unser Signal! Wir atmeten durch, schalteten vier Gänge runter und schritten im Gänsemarsch aus der Küche Richtung Wohnzimmer. Im Wohnzimmer duftete es herrlich nach Räuchermännchen, und mein Vater behauptete jedes Jahr: »Das Christkind ist gerade über den Zaun gehuscht.« Gespieltes Staunen unsererseits. Der Baum wie jedes Jahr traditionell mit roten Kerzen bestückt und mit Schmuck überladen. Meine Mutter hing an jedem der von uns selbst gebastelten Christbaumanhänger, und es kamen jedes Weihnachten neue dazu. Dann wurden erst mal recht schief ein paar Weihnachtslieder gesungen (mein großer Bruder brummend im nicht enden wollenden Stimmbruch), und jedes Jahr mussten wir auf Aufforderung der Eltern erst andächtig die uralte Jesuskrippe unserer Großeltern bestaunen und die Weihnachtspyramide aus Holz, die sich durch die heiße Luft der brennenden Kerzen gefährlich schnell drehte. Ein blauer Putzeimer, bis oben hin gefüllt mit Wasser, stand immer bereit, kam zum Glück aber nie zum Einsatz.

Wir Kinder bemühten uns diesen Pflichtteil, das Bestaunen, artig hinter uns zu bringen. Die Geschenke ließen wir dabei nicht aus den Augen. Zu sehr waren wir innerlich damit beschäftigt zu rätseln, was sich wohl in diesem einen länglichen Geschenk befand und was es wohl mit der großen Tüte auf sich hatte. Ungelogen war das halbe Wohnzimmer voller Geschenke. Meine Eltern kauften uns gerne viele schöne Spielsachen, aber auch Dinge mit alltäglichem Nutzen, wie Fahrräder oder Schulranzen, wurden an Weihnachten geschenkt. Dazu die Geschenke der großen Verwandtschaft und unendlich vielen Paten, Onkel, Tanten und Freund*innen der Familie, die uns Kindern eine Freude machen wollten.

Nachdem der Pflichtteil endlich erledigt war, ging es reihum. Das jüngste Kind, mein kleiner Bruder, der Glückliche, durfte als Erstes ein Geschenk auspacken. Die ganze Familie sah dabei zu. Nach dem Auspacken und Bestaunen musste sich jedes Kind ausführlich bedanken. Statt also die Kinderschar wild auf die Geschenke loszulassen, war das Auspacken eine abendfüllende Beschäftigung, die gut und gerne drei Stunden dauerte. Das Ergebnis waren drei erschöpfte Kinder mit leuchtenden Augen, die man kaum zum Essen brachte, weil sie damit beschäftigt waren zu überlegen, mit welchem Geschenk sie als Erstes spielen sollten. Mit Barbies, Playmobil, neuen Malfarben, Inlineskates, Jonglierbällen oder doch dem Chemiebaukasten. Daneben ein riesiger Berg Geschenkpapier, in dem wir drei Kinder problemlos hätten verschwinden können.

Erstaunlicherweise war ich am Ende des Heiligen Abends trotz der enormen Menge an Geschenken oft innerlich ein wenig enttäuscht, weil ich das eine oder andere doch nicht bekommen hatte. Oder meine Mutter »nur« meine Liste abgearbeitet hatte, ohne sich kreativ noch ein weiteres Geschenk zu überlegen. Ich frage mich, woher diese hohen Erwartungen kamen. Zwischen uns Geschwistern war am Ende des Abends natürlich immer DIE Frage, wer es nun am besten getroffen hatte und wer die schlechteste Ausbeute gemacht hatte.

Besonders schön habe ich neben Heiligabend auch die ersten Weihnachtsfeiertage in Erinnerung. Am 25. morgens runter ins Wohnzimmer schleichen, während alle noch schlafen, und sich noch mal ganz ausführlich die Geschenke angucken, das ein oder andere in Betrieb nehmen oder zusammenbauen.

Klassenkamerad*innen, die mir stolz von ihren drei Geschenken erzählten, taten mir immer schrecklich leid. Gleichzeitig schämte ich mich dann, von meinen überdimensional vielen Geschenken zu erzählen, und verschwieg eine ganze Reihe an Dingen.

Mein mit Abstand schönstes Geschenk bekam ich Weihnachten, als ich vierzehn war. Wochenlang hatte ich meine Eltern bequatscht, mir eine Katze zu schenken. Als wir an Heiligabend das Wohnzimmer betraten, sah ich den Katzenkorb unter dem Baum stehen. Mein Vater verschenkte gerne Gutscheine, und ich war mir todsicher, in dem Korb würde ein Gutschein liegen und wir würden zusammen eine Katze aussuchen. Ich freute mich sehr. Doch als wir uns bereit machten, wie jedes Jahr »Kling, Glöckchen, Klingelingeling« anzustimmen, hörte ich ein klitzekleines, schüchternes »Miau«. Ich konnte nicht an mich halten und lief zum Korb. Und siehe da: ein Babykätzchen. Das war das erste Mal, dass ich vor Glück weinte. Ich wusste nicht, dass das möglich war. Das war der einzige Heiligabend, an dem mich die weiteren Geschenke nicht interessierten und ich den ganzen Abend mit der kleinen Cleo spielte.

Woher kommt es eigentlich, dass man sich schon als kleines Kind ständig vergleicht und misst, was einem selbst gehört und was die anderen haben? Zum ersten Mal habe ich das vor einigen Jahren bewusst bei den Nichten meines damaligen Freundes bemerkt. Wir waren am Ostersonntag mit der ganzen Familie zusammen, und die beiden Mädels, erst zwei und vier Jahre alt, machten sich auf Ostereier- und Geschenkesuche. Natürlich hatten die Eltern alles gerecht aufgeteilt, um jeglichen Streit zu vermeiden. Doch schon während der Suche stritten sie ständig, ob dieses Osterei nun der einen oder der anderen gehörte. Keine der beiden wollte ihre bei der Ostereiersuche gefundenen Eier mit der anderen teilen. Pausenlos brach eine der beiden in Tränen aus, weil die andere ihr ein Ei weggenommen hatte. Ich fand das ganz schön anstrengend und grübelte den Rest des Tages, wie man es bei den eigenen Kindern wohl schaffen könnte, diese Streitigkeiten zu umgehen. Wahrscheinlich ist das unmöglich. Über Empathie verfügen wir in diesem Alter noch nicht, und Teilen ist eine Sache, die erst gelernt werden muss.

Wenn heute mein Freund Sebastian und ich mit seinem fünfjährigen Neffen facetimen und ihm zum Geburtstag gratulieren, fragen wir natürlich auch: »Und, was hast du geschenkt bekommen?« Und wenn wir seine zweijährige Nichte seit Langem einmal wiedersehen und die Unterhaltung ins Stocken gerät, sage ich auch schon mal so Sachen wie: »Wow, du hast aber ein hübsches Kleid an!«

Selbst gegenüber unserem eigenen Sohn, der uns noch nicht verstehen kann, fallen mal so Sätze wie: »Ui, guck mal, wie hübsch du aussiehst. So eine coole Hose hast du an.«

Wir stellen diese Fragen und machen diese Komplimente, weil wir es nicht anders kennen. Und weil uns erst mal nichts Besseres einfällt. Über Dinge schafft man einen gemeinsamen Nenner. Und so fragt Sebastian seinen Neffen, wenn wir zu

Besuch bei seiner Schwester sind, nach seiner Autosammlung statt nach seinem schönsten Erlebnis aus der Kita. So rennt der Kleine in sein Zimmer, holt seine Spielautos und präsentiert einen Wagen nach dem nächsten und lässt sie durchs Zimmer sausen.

Es ist nicht verwerflich, sich über Sachen einen gemeinsamen Nenner zu schaffen. Aber was lernen Kinder dabei, wenn wir sie ständig nach ihrem Besitz fragen und ihre Kleider, die ihnen selbst wahrscheinlich bis zu diesem Moment total egal waren, kommentieren? Dass es eben wichtig ist, sich zu präsentieren. Dass es wichtig ist, hübsche neue Kleidung zu tragen. Dass man über Besitz Kontakte knüpft und Konversation macht. Dass Haben auf eine gewisse Art auch Sein heißt.

Wenn ich heute an unsere Familiengeschenkeorgien zurückdenke, wird mir etwas schwindelig. Ich glaube, meinen Eltern auch. Ich möchte das heute anders machen. Denn wir Kinder wären sicherlich an Weihnachten auch mit weniger Geschenken genauso glücklich gewesen.

Ich habe sehr lange an Dingen festgehalten, weil ich dachte, dass sie mich und meine Persönlichkeit ausmachen. Mein Kinderzimmer, mein Hab und Gut, war immer auch ein Teil meiner Seele. Ich hortete Dinge, sortierte sie akribisch. Auf meinem Schreibtisch herrschte meist Chaos. Stundenlang konnte ich mich herrlich in meinem Zimmer mit irgendwelchen Dingen beschäftigen. Collagen basteln, Stifte spitzen, meine Barbies anziehen. Mein Ikea-Regal aus hellem Holz war vollgepackt mit tollen Dingen und platzte aus allen Nähten. Ich liebte es zu sammeln. Ich war ein richtiger kleiner Messie. Meine ganze Kindheit und Jugend lang versuchte mein Vater mir das Aufräumen mit so herrlichen Sätzen wie »Ordnung ist das halbe Leben« beizubringen.

Mein Vater ist der ordentlichste Mensch, den ich kenne. Er besitzt eine gigantische Anzahl an Ordnern, in denen jeder bürokratische Wisch fein säuberlich abgeheftet ist. In seinem Kleiderschrank befinden sich auf den Regalen mit Computer geschriebene Beschriftungen wie »weiße Hemden«, »T-Shirts Freizeit«. Als Kind fand ich das befremdlich und lustig zugleich. Wozu die Beschriftung, wenn man doch direkt sieht, was sich in dem Regal befindet? Heute liegt er mit seinem Ordnungsdrang voll im Trend – es gibt inzwischen nicht nur eine ganze Menge Aufräumserien, sondern auch Bücher und ganze Onlineshops, in denen man Dinge zum Sortieren und Aufbewahren kaufen kann. Mein Vater ist so gut organisiert, dass, sollte er einmal nicht mehr sein, schon eine Step-by-Step-Anleitung bereitliegt, die alles regelt, bis hin zu den Blumen, die auf seinem Grab gepflanzt werden sollen.

Mein Vater und ich gerieten wegen meiner Unordnung regelmäßig aneinander. Ich war unordentlich, weil ich zu viele Dinge besaß, die in meinem kleinen Kinderzimmer niemals alle einen Platz gefunden hätten. Ich konnte mich einfach nicht von Dingen trennen und freute mich riesig, wenn jemand einen ganz bestimmten Gegenstand brauchte, und ich konnte dank meiner Sammlung weiterhelfen. Ich besaß definitiv zu viele Stifte, Kuscheltiere und Barbies, aber ich lebte damals schon eine im Prinzip nachhaltige Strategie: nichts wegwerfen, das noch funktioniert. Das ist bis heute so.

Meiner Meinung nach beherrschte ich das Chaos in meinem Kinderzimmer. Es war mein kreatives Reich, meine Höhle der wunderbaren Dinge, und meistens fand ich auch, wonach ich suchte. Meistens. Häufig fand ich nichts mehr, nachdem ich aufgeräumt hatte, weil ich mir nicht merken konnte, wo ich die Dinge verstaut hatte.

Hin und wieder startete mein Vater mit mir eine Aufräumaktion. Ich glaube, wir litten dabei beide Höllenqualen. Bei jedem Gegenstand musste ich ihm erklären, wozu ich den noch gebrauchen könnte. Wenn das Argument meinen Vater nicht überzeugte, landete er im Müll. Für mich hing jedoch wirklich ein bisschen Seele von mir an all diesen Dingen. Ich hatte Angst, eine Erinnerung zu verlieren, wenn ich sie wegwarf.

Aber ich hing auch emotional an Gegenständen. Ich musste vielleicht sechs oder sieben gewesen sein, da verkauften meine Brüder und ich auf dem örtlichen Flohmarkt einige unserer Spielsachen, für die wir zu groß geworden waren. Während die anderen unseren Stand hüteten, durfte immer einer von uns mit dem verdienten Geld eine Runde über den Flohmarkt drehen, und dabei entdeckte ich einen riesigen, leicht fleckigen Kuschel-Eisbären, der fast so groß war wie ich. Ich war schlagartig verliebt, und meine Eltern guckten wenig begeistert, als ich stolz wie Bolle mit meinem Kauf zurück an unseren Stand kam. Der Eisbär bekam einen Ehrenplatz in meinem Zimmer, ich sprach mit ihm und konnte unterschiedlichste Sitz- und Liegepositionen auf ihm einnehmen.

Eines Tages kam ich von der Schule heim, und der Eisbär war verschwunden. Meine Eltern hatten ihn entsorgt. Ich weiß nicht mehr, was der Grund war, und wenn ich heute frage, können sie sich leider nicht mehr an den Eisbären erinnern. Vielleicht fanden sie ihn etwas gammelig oder zu groß für mein Kinderzimmer oder hatten Angst, ich würde mich zur Einzelgängerin entwickeln, weil ich mit ihm sprach. Für mich war das hart. Ich weinte bitterlich und war sehr lange sauer auf meine Eltern. Ich hatte ständig das traurige Bild des Eisbären auf dem Wertstoffhof im Kopf, der lieblos in einem riesigen Container lag. Vielleicht führte dieses Ereignis dazu, dass ich fortan immer Angst hatte, mir könne etwas weggenommen werden, an dem ich emotional hing.

Als Jugendliche war ich sehr verträumt und vergaß ständig irgendwo irgendwas. Meine Freunde machten sich oft darüber lustig, dass ich so vergesslich war und häufig meinen Fahrradschlüssel irgendwo verlor, meine Jacken irgendwo liegen ließ oder wieder mein Federmäppchen nicht finden konnte. Sogar eine ganze Reisetasche ließ ich mal im Zug liegen, als ich mit der Klasse unterwegs war. Das war natürlich wahnsinnig peinlich für mich und für alle Beteiligten umständlich, weil wir lange am Bahnhof warten mussten, um die Tasche wiederzubekommen.

In der Pubertät wurde es immer schlimmer mit meiner Vergesslichkeit. Ich vermisste eine Vielzahl Kleidungsstücke. Wie konnte es sein, dass ich irgendwo meine Hose verlor? Ich fuhr ja nicht nach dem Baden ohne Hose wieder nach Hause. Ich wurde fast wahnsinnig, vertraute mich meiner Mutter aber nicht an, weil es von ihr wieder nur heißen würde: »Das kommt davon, wenn du so unordentlich bist«, oder: »Irgendwann lässt du noch deinen Kopf irgendwo liegen.«

Später stellte sich leider heraus, dass unsere Haushaltshilfe die Sachen gestohlen hatte und auch in anderen Haushalten, in denen sie tätig war, einiges hatte mitgehen lassen. Während eines Modelauslandsaufenthaltes in Neuseeland stahl mir später eine Modelkollegin, mit der ich das Hotelzimmer teilen musste, mein erstes eigenes gekauftes teures Schmuckstück. Und wieder ein paar Jahre später betrog mich meine damalige Managerin, der ich voll und ganz vertraute, um sehr viel Geld, das ich glücklicherweise einige Jahre später und mithilfe eines guten Anwalts, Sebastian, zurück erkämpfen konnte. Spätestens seit diesem Ereignis habe ich leider ein paar Vertrauensprobleme.

Wann immer ich etwas suche, ist meine erste Vermutung, dass mich irgendjemand bestohlen hat. Mir tun all die Menschen leid, die ich seitdem schon unter Generalverdacht gestellt habe, der sich dann als falsch entpuppt hat.

So kitschig das klingt: Es brauchte Zeit, bis diese Wunden geheilt waren. Wenn dir etwas unfreiwillig abhandenkommt, an dem du sehr hängst, entsteht eine Wunde, und du klammerst dich fortan noch mehr an den eigenen Besitz.

Es war für mich also eine ziemliche Mammutaufgabe, Dinge loszulassen. Dass es auch ein befreiendes Gefühl sein kann, sich von Gegenständen zu verabschieden, wurde mir, glaube ich, zum ersten Mal unter der Dusche klar. Ich begeisterte mich recht früh für Dinge, die einen schöner machen. Mein Taschengeld, das ich mit Babysitten aufstockte, steckte ich gerne in Sachen, die es im örtlichen Drogeriemarkt zu kaufen gab. Als Jugendliche wohnte ich im Keller unseres Hauses und hatte dort – welch Luxus als Teenagerin – ein eigenes kleines Badezimmer. In der Dusche lagerten unzählige Shampoo- und Conditioner-Tuben. Dazu Haarkuren, Badekugeln und Proben von der Kosmetikerin, die mir meine Mutter mitbrachte. Ich probierte mich ständig durch verschiedene Produkte gleichzeitig, und bevor ich etwas aufgebraucht hatte, kam ein neuer Kauf dazu.

Brauchte ich aber doch mal ein Produkt bis zum Ende auf,

war es ein wahnsinnig befriedigendes Gefühl, den letzten Rest aus der Tube zu drücken und die Plastikflasche nach dem Duschen im Mülleimer zu versenken. Geschafft! Ein bisschen mehr Platz in der Shampooablage. Es bereitete mir also genauso viel Freude, ein neues Produkt im Drogeriemarkt zu shoppen, wie es wegzuschmeißen. Diese Erkenntnis gab mir eine Vorahnung darauf, dass es sich auch gut anfühlen konnte, wenig zu besitzen und sich von Dingen zu trennen.

Ein weiterer Vorbote meines Befreiungsschlags waren meine Auslandsaufenthalte als Model. Ich war oft wochenlang, manchmal Monate unterwegs und war dabei auf einen Koffer von 20 Kilo begrenzt. Das Packen war immer eine große Herausforderung, und anfangs fand ich es schrecklich, so beschränkt zu sein. Aber beim Reisen selbst stellte ich fest, wie befreiend es war, dass alles, was ich zum Leben brauchte, in den Koffer passte. Ich konnte mich auf die wesentlichen Dinge konzentrieren. Ein Laptop, ein paar Outfits, Kosmetik und Bücher. Ich las viel, wenn ich tagsüber in der Bahn von Casting zu Casting fuhr. Ich erinnere mich an das befriedigende Gefühl, ein Buch ausgelesen zu haben. Ich verschenkte es danach oder ließ es in den Model-Apartments für Kolleg*innen stehen.

Die ganz große Ordnungserleuchtung kam aber erst vor ein paar Jahren, als ich, wie so viele andere Menschen, die Serie »Aufräumen mit Marie Kondo« sah. Marie Kondo ist mit ihren Aufräummethoden weltberühmt geworden und hat mit ihren Büchern dafür gesorgt, dass ein richtiger Hype ums Aufräumen entstand. Ihr Nachname wurde sogar zum Verb erklärt: *to kondo* = aufräumen.

Als Erstes wurde immer der Kleiderschrank aufgeräumt, weil das wohl der Ort ist, an dem die meisten Menschen zu viele Dinge besitzen, die sie nicht brauchen, und wo das Sichtrennen noch am einfachsten ist. Später ging es dann weiter mit Büchern, Küchenutensilien, Papierkram und ganz zum Schluss die schwierigste Aufgabe: Erinnerungsstücke.

Ich übertreibe nicht, wenn ich sage, die Serie hat mein Leben verändert. Ich habe dank Kondo nicht nur zum ersten Mal wirklich verstanden, wie Aufräumen funktioniert, sondern auch zum ersten Mal Spaß daran gehabt! Ich habe verstanden, dass Aufräumen nicht funktioniert, wenn man es schnell nebenbei macht. Man muss sich dafür einmal richtig Zeit nehmen und die verschiedenen Kategorien des Haushalts richtig »in Ordnung« bringen. Wenn das System einmal steht, fällt das Aufräumen danach nicht mehr schwer und kann tatsächlich nebenbei erledigt werden.

Zunächst sollte man sich nach der Kondo-Methode von allem trennen, was einem keine Freude bereitet. Ich habe durch Kondo ein Gespür dafür entwickelt, woran mein Herz hängt oder woran ich nur denke, dass mein Herz hängt. Was übrig bleibt, wird in ein System gebracht. Jeder Gegenstand im Haus muss seinen eigenen Platz finden. Dann weiß man beim Aufräumen auch, wohin mit dem Teil. Das Ordnungssystem muss übersichtlich und zugänglich und natürlich beschriftet sein. So wie damals schon der Schrank meines Vaters.

Während ich die Serie guckte, begann ich, wie verrückt aufzuräumen. Mit vielen kleinen Schachteln und Aufbewahrungsboxen habe ich Ordnung in meine Schränke gebracht. Im Arbeitszimmer, in der Küche, den Kleiderschrank. Sogar der schrecklich vollgestopfte Keller, in den ich alles lieblos reingestellt hatte, wofür ich gerade keine Verwendung hatte, wurde ge-kondot.

Natürlich habe ich manchmal Rückfälle und schmeiße Dinge achtlos in eine Schublade, und irgendwann herrscht darin dann Chaos, bis ich die alte Ordnung wiederherstelle. Auch wenn neue Gegenstände hinzukommen, wird es tricky. Dann muss erst ein Platz für sie geschaffen werden, was schwierig ist in einer Wohnung, in der alle Schränke »belegt« sind. Es kostet auch Überwindung, Geschenke, die man nicht gebrauchen kann, wieder aus dem Haushalt zu schmeißen. Jemand hatte sich Gedanken dazu gemacht und das Geschenk mit Liebe ausgesucht. Aber man wird immer schneller und besser darin. Und nun stehen regelmäßig vor unserer Haustür Dinge, für die wir keine Verwendung mehr haben, über die sich aber jemand anderes freut. Die Sachen sind meist innerhalb weniger Stunden weg und haben eine/n neue/n glückliche/n Besitzer*in gefunden.

Es gibt natürlich noch viele andere Möglichkeiten, neue Besitzer*innen für aussortierte Dinge zu finden. Gerade bei Möbelstücken, wo die Entsorgung recht aufwendig ist, kann man gut eine Anzeige bei eBay Kleinanzeigen reinstellen und das Möbelstück zum Verschenken anbieten. So gut wie immer findet sich jemand, der das Stück bei dir zu Hause abholt. Online verkaufen geht bei gutem Zustand genauso. Auch karitative Einrichtungen und Charity-Secondhand-Geschäfte freuen sich über Sachspenden. Hier sollte man aber unbedingt vorher anrufen und abklären, ob der Gegenstand wirklich benötigt wird, bevor man etwas vorbeibringt. Und dann gibt es da noch den guten alten Flohmarkt. Meine Erfahrung ist, dass Menschen nicht unbedingt bereit sind, faire Preise für Flohmarktsachen zu bezahlen. Die Leute gehen auf Flohmärkte, um Schnäppchen zu machen, deshalb sollte man hier keine Sachen verkaufen, die noch einen hohen Wert haben, sonst ärgert man sich nur über die frechen Angebote von Käufer*innen. Man sollte an so einen Verkaufstag grundsätzlich nicht mit zu hohen Erwartungen herangehen. Besser ist es, wenn man den Flohmarkt eher zum Vergnügen mit Freunden macht. Dazu gibt es ein Sektchen, Kuchen und gute Musik. Und wenn man Glück hat, geht man ohne Sachen und mit ein wenig Taschengeld nach Hause.

Die besten Erfahrungen habe ich bisher beim Hinterhof-Flohmarkt in München gemacht. Hinterhof-Flohmärkte gibt es immer mehr. Das Gute: Du musst deinen Kram nicht durch die halbe Stadt fahren, sondern kannst ganz bequem im Hinterhof deines Wohnhauses einen Tisch mit deinen Sachen aufstellen. Bei gutem Wetter gibt es viel Kundschaft, die durchs Viertel tingelt, und du kannst jederzeit Nachschub aus der Wohnung holen.

In Sachen Minimalismus habe ich auch viel von Sebastian gelernt. Seit er von zu Hause ausgezogen ist, ist er über ein Dutzend Mal umgezogen. Dabei hat er sich früh auf das Wesentliche konzentriert, um nicht immer so viele Dinge transportieren zu müssen. Ein schöner Holztisch, an dem er schon als Baby gefüttert wurde, ein Designer-Schreibtischstuhl, zwei Ledersessel von seinen Großeltern, ein Marmorcouchtisch und acht Kartons mit Büchern, Kleidung und Erinnerungsgegenständen. Während ich ein ganzes Umzugsunternehmen mit riesigem Lastwagen zwei Tage teuer bezahlen musste, um mein Hab und Gut von München nach Hamburg und später nach Berlin chauffieren zu lassen, konnte er seine vielen Umzüge mit gemietetem Wagen und einer helfenden Hand in ein paar Stunden erledigen.

Meistens gab es von Sebastian vor dem Umzug im Keller

einen Karton mit Sachen, die er in der Zeit, in der er in dieser Wohnung gelebt hatte, nicht angerührt hatte. Dieser Karton wanderte, ohne dass er ihn vor dem Umzug noch einmal öffnete, direkt in die Mülltonne. »Ich habe, seit ich hier wohne, nichts aus diesem Karton zum Leben gebraucht. Also können die Sachen weg.« Ich staunte nicht schlecht, als er mir davon erzählte. So was wäre für mich undenkbar. Viel zu groß ist die Angst davor, etwas wegzuschmeißen, an dem eine Erinnerung hängt. Natürlich war es auch nicht sonderlich nachhaltig, alles wegzuschmeißen, aber er versicherte mir, das seien Sachen, die niemand haben wolle. Alter Papierkram, Postkarten, Urlaubssouvenirs und kaputte Kleidung. Dinge, die man aufhebt, weil man denkt, man braucht sie noch mal irgendwann.

Was ich inzwischen an meinem Job am wenigsten mag, ist, dass ich ständig neue Sachen zugeschickt bekomme. Das mag verrückt klingen: Zu Beginn meiner Karriere war es ein absoluter Traum für mich, kostenlos Beautyprodukte, Mode und Einrichtungsgegenstände zugeschickt zu bekommen. Aber inzwischen nehme ich das eher als belastend wahr. Da es zu meinem Job gehört, für Dinge zu werben, und zwar nur für Dinge, die ich gut finde, MUSS ich ständig Neues ausprobieren und testen. Oft sind das Produkte, die ich nicht vor Ort kaufen kann. Der Verpackungsmüll, der dabei entsteht, ist natürlich immens. Häufig kommt ein nachhaltiges kleines Produkt in einem riesigen, mit Schaumstoffpellets gefüllten Karton an. Für den Werbepartner gibt es dann erst mal kritisches Feedback von mir. Es ist ein Privileg, Dinge kostenlos zu bekommen, wenn man sowieso schon einen gut bezahlten Job hat. Ich bin mir dessen bewusst und versuche meist, nach dem Testen Freunden, Bekannten und Menschen, die in meinem Umfeld arbeiten, mit kleinen Überraschungsgeschenken eine Freude zu machen. Für meine eigenen unternehmerischen Projekte gebe ich mein Bestes, um aus den Fehlern der anderen zu lernen und immer an neuen, noch nachhaltigeren Verpackungen und einer Reduktion des Mülls zu arbeiten.

Meine Schwiegereltern haben einmal erzählt, dass sie gerade davon träumen, ihre Wohnung aufzulösen, einen Wohnwagen zu kaufen und fortan einfach nur noch mit diesem Tiny House durch die Gegend zu fahren. Für meine Mutter wäre das unvorstellbar. Sie liebt den Platz, den sie in meinem Elternhaus hat, ihren Garten und ihr großes Wohnzimmer, in dem sie viele Gäste empfangen kann.

Ich habe den Eindruck, dass es im Alter zwei Arten von Menschen gibt. Die einen, die die Dinge loslassen und sich stark reduzieren wollen. Die Besitz als belastend wahrnehmen. Und die anderen, die immer mehr anhäufen und sich auf eine gewisse Art und Weise an den eigenen Besitz und somit auch an die Vergangenheit klammern.

Ich stelle mir vor, dass ich eher zur Minimalistin mutiere. Aber ist das nicht total paradox? Ein Leben lang arbeitet man, schafft sich Dinge an, optimiert seine Einrichtung und Garderobe, tauscht den Ikea-Sessel stolz gegen einen Designersessel aus, nur um später im Leben festzustellen, dass man diese ganzen Sachen nicht braucht. Oder dass sie einen sogar belasten.

Wäre es nicht angenehmer, den Anschaffungspart zu überspringen, sich die ganze Arbeit zu sparen und viel mehr Zeit zum Leben zu haben?

Auf der anderen Seite ist es ganz natürlich, sich mit Anfang dreißig ein Nest bauen zu wollen. Ein schönes, gemütliches Nest, mit viel Platz für potenzielle Kinder. Wir sind im Sommer 2019 in eine 140 Quadratmeter große Mietwohnung gezogen – eine Klimasünde, wenn man sich mal überlegt, was da im Winter an Heizkosten anfällt. Wir zwei brauchen nicht so viel Platz, aber wir wussten, dass wir eine Familie gründen wollen, und haben nach einer Wohnung mit Kinderzimmer gesucht. Mein Zuhause ist auch der Ort, an dem ich arbeite. Ich brauche ein Arbeitszimmer, Platz, um Fotos zu schießen und Dinge zu lagern. Mein Zuhause ist aber auch mein Ruhepol. Der Ort, an dem ich mich entspanne, wenn ich von beruflichen Reisen nach Hause komme. Ich habe das Gefühl, ich brauche dort Freiflächen, um durchatmen zu können.

Im Durchschnitt haben die Deutschen pro Person 43 qm Wohnfläche zur Verfügung. Unsere Wohnung wäre insofern eigentlich erst ab Kind Nummer zwei gerechtfertigt. Ich lebe aktuell also in dem Bewusstsein, dass unsere Wohnung verhältnismäßig groß ist und somit unnachhaltig. Aber auf der anderen Seite möchte ich mich an dieser Stelle nicht beschränken und träume sogar von einem eigenen Haus auf dem Land, in dem die ganze Großfamilie an Weihnachten um einen langen Tisch sitzen und in angrenzenden Zimmern eine Schar Kinder übernachten kann. Ein echter Konflikt in meinem Kopf.

Gerade beim eigenen Besitz muss jede*r ihren/seinen eigenen Weg finden. Bei meiner Wohnsituation bin ich nicht bereit, große Kompromisse einzugehen. Aber durchaus bei den Gegenständen, die sich in meiner Wohnung befinden. Für kein Geld der Welt würde ich jedoch die Bilder, die ich von meinen Großeltern bekommen habe, hergeben. Von ihnen hatte ich auch zwei Beistelltische aus dunklem Holz geerbt, die früher in ihrem Haus links und rechts vom Sofa standen. Sie erinnerten mich an zahlreiche schöne Weihnachtsfeste, wie wir in der Sofarunde saßen, mein Opa am Klavier Weihnachtslieder spielte und wir schief dazu sangen. Diese Couchtische haben nie wirklich zu meinem Einrichtungsstil gepasst. Beim Umräumen und Einrichten der Zimmer, nach einem Umzug, blieben die beiden dunkelbraunen Tischchen immer übrig, und wir wussten wieder nicht, wohin mit ihnen. Da nahm mich Sebastian in den Arm und sagte: »*It's time. Let them go.*«

Natürlich ging es nicht um die Tische selbst, sondern um meine Großeltern. Und darum, dass es an der Zeit war, anzuerkennen, dass sie nicht mehr da waren, ob mit oder ohne Tischchen. Ich verdrückte ein paar Tränen in Sebastians Armen und war dann bereit, über eBay Kleinanzeigen eine*n neue*n Besitzer*in zu finden.

Ich denke manchmal noch an diese Tischchen. Aber ich bereue nicht, mich von ihnen getrennt zu haben. Ich weiß, dass die Erinnerung an meine Großeltern und ihr gemütliches Wohnzimmer auch ohne diese Tische bleiben wird. Mit dieser »Loslassen«-Mentalität gehe ich jetzt durch den Alltag, und es klappt von Mal zu Mal besser.

Vor Kurzem habe ich Sebastian gefragt, welche fünf Gegenstände er mitnehmen würde, sollte unsere Wohnung brennen. Er antwortete trocken: »Meine Anzüge. Das ist das Teuerste, was ich besitze, und die kriege ich auch so nicht mehr wieder.« Ich war erstaunt. An Kleidung hatte ich gar nicht gedacht. Ich dachte an die Bilder meiner Großeltern, an die Bilder, die mir Evelyn Weigert, eine sehr gute Freundin, gemalt hatte, und an meine alten Kalender und Tagebücher.

Bestimmt hat so ziemlich jede*r schon einmal darüber nachgedacht, was man tun würde, würde man sein ganzes Hab und Gut von einem Tag auf den anderen verlieren. Zum Beispiel durch einen Hausbrand oder die Sturmflut. So traurig und schlimm ich diesen Gedanken finde, manchmal kann ich darin auch etwas Gutes sehen. Einmal alles loslassen. Einmal von null anfangen und nur das besitzen, was man wirklich braucht. Rein theoretisch.

Ich bemühe mich zu reduzieren und denke, dass ich immer weniger besitzen werde. Aber ich bin mir ebenso sicher, dass ich nie eine richtige Bilderbuch-Minimalistin werde. Instagram-Accounts von Minimalist*innen finde ich meist wenig inspirierend. Kahle weiße Altbauwohnung, hier und da eine Monstera-Pflanze, dazu ein paar neue dänische Möbel in hellem Holz. Weiße Leinenbettwäsche und an der Wand ein Druck einer reduzierten Strichzeichnung in Schwarz-Weiß. Eine Kleiderstange, auf der sich zehn Outfits befinden. Alle in gedeckten Farben, viel Beige.

Ich bewundere so einen Lebensstil, wirklich! Aber ich liebe Farben! In unserer Wohnung hat jedes Zimmer eine andere Wandfarbe. Ich liebe ausgefallene, bunte Gegenstände, opulente Lampen und bunte Vorhangstoffe. Meine Mutter und auch meine Großmutter legten immer viel Wert auf Inneneinrichtung, liebten Farben und Kurioses. Meine Oma, die zeit ihres Lebens zahlreiche Ausstellungen organisierte, brachte mir bei, wie man Bilder aufhängt und anordnet. Ich liebe die bunte Vielfalt von Dingen.

Ein Ort kann mir allerdings nicht schlicht und ordentlich genug sein: Ich finde es extrem wichtig, eine gute Ordnung in der Küche zu haben. Nichts ist schlimmer als viel zu volle, unübersichtliche und am besten noch total verkrümelte Küchenschubladen. Oder Regale, aus denen einem alles entgegenkommt, wenn man einen Gegenstand herausnehmen möchte.

Neulich habe ich eine Sendung gesehen, in der neue ausgefallene Küchengeräte vorgestellt wurden. Einen Kiwi-Schäler, einen Avocado-Entkerner und ein Messer, mit dem man geriffelte Kartoffeln schneiden kann. Im Ernst? Für jemand anderen ist der Kiwi-Schäler aber vielleicht die Erfindung, auf die er oder sie schon Jahre gewartet hat. Ich frage mich nur, wie viele Gegenstände braucht der Mensch denn noch?

Der Durchschnittseuropäer besitzt übrigens 10.000 Gegenstände. Als ich diese Zahl zum ersten Mal gehört habe, ist mir die Kinnlade runtergefallen. 10.000! Inzwischen gibt es Menschen, die anderen beruflich beim Aufräumen und Wegwerfen helfen, so sehr leben wir im Überfluss.

Ziel wäre also, statt immer weiter zu konsumieren und wegzuwerfen, gar nichts mehr zu kaufen, was man nicht wirklich braucht. Obwohl ich Musik schon lange nur noch streame, hielt ich noch lange an meiner CD-Sammlung fest. Ich hatte Angst, mit den CDs Erinnerungen an bestimmte Lebensphasen wegzuschmeißen. Kindergeburtstage mit meiner »Macarena«-CD, erstes *Female Empowerment* mit den Spice Girls und meine Teenie-Jahre mit Oasis und den Stereophonics. Ich hatte auch Angst, in gewisser Weise meinen Musikgeschmack zu verlieren, denn ich hörte meistens recht planlos irgendwelche Playlists bei Spotify.

Eines Tages, als mir meine Wohnung wieder mal viel zu vollgestopft vorkam, habe ich ein Dokument auf meinem Laptop geöffnet und alle Alben und Interpreten meiner CDs aufgeschrieben. Danach konnte ich guten Gewissens meine

Sammlung dem Plattenladen um die Ecke spenden. Auf diese Liste habe ich bis heute nicht geguckt. Aber es ist gut zu wissen, dass sie da ist. Und sollte ich mich in meine Jugend träumen wollen, könnte ich das Dokument jederzeit öffnen und ein paar Songs aus dieser Zeit bei Spotify abspielen.

Unsere Wohnung hat keinen Keller, nur eine kleine Abstellkammer. Was am Anfang ein Minus für uns war, entpuppt sich inzwischen als eine tolle Sache. Ohne Keller kommt man erst gar nicht in die Versuchung, Sachen aufzuheben, die man gar nicht braucht. Wenn ich nun für einen Einrichtungsgegenstand keine Verwendung habe, wird er verkauft, verschenkt oder verliehen. Das Babybeistellbett macht in meinem Freundeskreis die Runde. Baby für Baby verbringt darin seine oder ihre ersten Wochen, und wir haben zu Hause mehr Platz. Sollte sich bei uns noch mal ein Baby auf den Weg machen, kann ich es jederzeit zurückbekommen.

Minimalismus wird sich, da bin ich mir sicher, langfristig als Standard durchsetzen. Russische Oligarchen leben dann nicht mehr in prunkvollen, überladenen Villen, sondern in puristischen Häusern aus Glas, in denen sich kaum Gegenstände befinden. Dieser Trend hin zu weniger Besitz könnte für unser kapitalistisches Wirtschaftssystem eine ziemliche Klatsche bedeuten. Aber unser Planet würde es uns danken. Weniger Produktion, diese dafür fairer und nachhaltiger. Und eine gleichmäßigere Verteilung der Güter für alle, das wäre was!

Zurück zu Weihnachten. Mit meinen Brüdern konnte ich mich vor Jahren darauf einigen, dass wir uns nichts schenken, und mit meinen Eltern werden inzwischen meistens Erlebnisse hin und her geschenkt. Theater- oder Konzertkarten, ein Wellnesstag oder eine gemeinsame kleine Reise.

Mit Freund*innen mache ich inzwischen gerne Schrottwichteln. Jede*r bringt einen Gegenstand von Zuhause mit, für den er keine Verwendung mehr hat. Das ist immer eine ziemlich lustige Sache, und manchmal springt tatsächlich etwas dabei raus, was man gebrauchen kann. Oder einfach mit zum nächsten Schrottwichteln bringen kann. Ich muss sagen, so ist mir Weihnachten am liebsten. Die Geschenkeorgien gehören – ein Glück – der Vergangenheit an! Und ganz nebenbei erlebe ich seitdem die Vorweihnachtszeit nicht mehr als stressigen Shoppingmarathon, sondern als eine wirklich schöne, besondere und stimmungsvolle Zeit.

KAPITEL 2

Eine Reise in die Vergangenheit

Seit ich denken kann, machte meine Familie Urlaub am Gardasee. Jedes Jahr, immer am selben Ort. Einige Tage vor Abreise begann der große Packmarathon. Das ganze Wohnzimmer war mit Koffern, Taschen und Tüten von meiner Mutter und uns drei Kindern zugestellt. Am Tag vor der Abreise kam mein Vater mit seinem kleinen, perfekt gepackten Handgepäckkoffer ins Wohnzimmer, und jedes Mal traf ihn fast der Schlag, wenn er sah, was sich da auftürmte. »Kinders! Das kriegen wir niemals alles ins Auto.« Und so mussten wir alle unsere vollgestopften Koffer und Taschen zurück in unsere Zimmer hieven und entscheiden, ob nun lieber die Jonglierbälle oder die Walkie-Talkies mitkommen durften, der Aquarellmalkasten oder die dritte Barbie.

Meine Mutter hatte die größten Schwierigkeiten, ihr Gepäck zu reduzieren. Wenn sie mit ihren Sachen wieder ins Wohnzimmer kam, war das meistens genauso viel wie zuvor, nur andere Sachen anders verpackt. Mehr kleine Tüten, weniger große Koffer, so ließ sich auch noch die letzte Lücke im Auto nutzen. Mein Vater war der Tetrismaster, der den Wagen am Abend vor der Abreise bis oben hin belud. Irgendwie passte dann doch immer alles rein.

Bereits meine Großeltern mütterlicherseits waren zeit ihres Lebens Gardasee-Fans. Ich liebe die 50 Jahre alten Fotos von ihnen. Mein Opa Kurt mit aufgeknöpftem Hemd, Seitenscheitel und Fliegerbrille mit getönten Gläsern. Mein Opa sah sehr gut aus! Ein bisschen wie Lex Barker, der Old Shatterhand in den Winnetou-Filmen gespielt hat. Meine Oma daneben, im roten Bikini mit Perlenkette und edlem Kopftuch, anmutig wie eine Hollywood-Diva.

Meine Mutter hat daher, wie auch ich, ihr ganzes Leben lang Urlaub am Gardasee gemacht. Als meine Großeltern ihre Ferienwohnung wieder verkaufen wollten, entschieden sich meine Eltern dazu, sie ihnen abzukaufen. Seit der Trennung meiner Eltern gehört die Wohnung meiner Mutter. Mein Vater fährt trotzdem jedes Jahr mehrmals an den Gardasee. Er quartiert sich nun allerdings im Hotel unten am See ein und freut sich, dass er sich um nichts mehr kümmern muss. Jahrelang brachte er die Urlaube in der Ferienwohnung damit zu, irgendwas zu reparieren, Lampen auszutauschen und Pflanzen umzutopfen. So richtig erholen kann er sich, glaube ich, erst, seit er Hotelurlaub am Gardasee macht.

Die Ferienwohnung ist eine von sechs Wohnungen in einem alten ausgebauten Bauernhaus. Von unserer Terrasse aus hat man einen atemberaubend schönen Blick über den See und auf den gegenüberliegenden, über 2000 Meter hohen Berg »Monte Baldo«. Am oder im Swimmingpool, den alle Parteien benutzen können, habe ich unzählige Stunden planschend verbracht. Das Haus ist umgeben von Olivenhainen und steilen, wild bewachsenen Abhängen. Für uns Kinder gab es dort so viel Spannendes zu entdecken! Über die warmen Terrassensteine flitzten die Eidechsen, es gab lebensgefährliche Hornissen und Batman-Fledermäuse, und mein großer Bruder behauptet bis heute, er hätte auf einem der überwucherten Abhänge mit einer Schlange gekämpft, als er dort unseren Ball suchte.

Die meiste Zeit des Tages waren wir Kinder im Pool. Wir spielten Wasserball und dachten uns Wasserakrobatik- und Ballettchoreografien aus. Wir luden die Erwachsenen zu einer Vorstellung ein. Diese mussten für ein oder zwei Mark eine Eintrittskarte erstehen. Das war für uns ein gutes Geschäft, und ich genoss meine ersten Momente auf der kleinen, großen (Wasser-)Bühne.

Da der Familie meiner besten Freundin Lois die obere Wohnung gehörte, verbrachten wir oft die Urlaube parallel. Lois hat zwei ältere Schwestern, und die beiden waren auch ein bisschen wie meine älteren Schwestern, die mir in der Hängematte, die zwischen den Olivenbäumen gespannt war, immer spannende Sachen über Jungs, Knutschen, »die Tage haben« und Beine rasieren beibrachten. Mein persönliches Dr.-Sommer-Team.

Diese Urlaube am Gardasee laufen für mich heute immer gleich ab. Vor der Ankunft nehme ich mir hundert Sachen vor, die ich im Urlaub machen möchte. Wandern gehen, nach Verona in die Oper und endlich mal ein paar neue Restaurants kennenlernen. Wenn ich wieder nach Hause fahre, habe ich weder einen Berg bezwungen noch »Aida« open air erlebt. Und meine Margherita-Pizzen habe ich in den gleichen drei Pizzerien verdrückt, in denen ich schon als Kind war.

Die Zeit bleibt dort am Gardasee auf eine romantische Art und Weise stehen. Es arbeitet immer noch der gleiche Eisverkäufer in der Eisdiele. Massimo, der mich schon als kleiner Stöpsel bedient hat. Die Bäckerin backt ihr Brot dort schon, seit meine Mutter 16 Jahre alt ist. Dinge wie Sojamilch im Cappuccino werden es dort wohl auch in den nächsten zwanzig Jahren schwer haben.

Es gibt keinen anderen Ort auf der Welt, an dem ich mich so schnell, so gut entspannen kann. Eben weil immer alles gleich ist und ich ganz genau weiß, was mich erwartet. Im Urlaub muss ich keine einzige knifflige Entscheidung treffen, außer die, ob ich Pasta oder Pizza essen möchte. Ich muss nie nach dem Weg fragen und mich nicht mit Google Maps rumschlagen. Mein Italienisch ist lausig, aber es reicht, um einen Tisch im Restaurant zu bestellen und eine Glühbirne zu kaufen.

Wenn ich mit dem Auto von der Autobahn runterfahre und nach 30 Minuten den See zum ersten Mal erblicke, wird mir immer warm ums Herz. Ich kurbele dann das Fenster runter, nehme eine tiefen Zug Italienluft, die nach warmem Teer und Olivenbäumen riecht, und bin innerhalb von Sekunden tiefenentspannt. Da kann kein Luxushotel dieser Welt mithalten.

Zum Glück konnte ich Sebastian für diesen Lieblingsort genauso begeistern, und so haben wir mir einen Traum erfüllt und 2020 sechs Wochen am Gardasee verbracht. Zweieinhalb Monate nach Geburt unseres Sohnes ging es los, und auch wenn er da noch ganz schön klein war und wir mit ihm leider noch keine Restaurants besuchen konnten, hatten wir eine wunderschöne Zeit.

Diese sechs Wochen vergingen wie im Flug, und wir hätten ohne Probleme noch länger bleiben können. Ich glaube, viele Menschen haben so einen Herzensort. Einen Ort der Entspannung, an dem über sehr viele Jahre immer das Gleiche gemacht wird. Einen Ort, an dem die Erwartungen, die man vor dem Urlaub hat, immer verlässlich erfüllt werden. Für manche Deutsche ist das die Ostsee oder der Urlaub auf Usedom, für manche Mallorca, Südfrankreich oder Camping im Schwarzwald.

Auch wenn der Gardasee nicht ganz um die Ecke liegt, bin ich froh, dass ich dort auf dem Landweg hinkomme. Wir fahren meist mit dem Zug von Berlin nach München, besuchen dort meine Familie, leihen uns das Auto meines Vaters und fahren von dort weiter. Müsste ich jedes Mal ins Flugzeug steigen, um an meinen Lieblingsort zu kommen, wäre das miserabel für meinen ökologischen Fußabdruck. Noch besser wäre es, wenn wir für die ganze Strecke den Zug nehmen könnten. Ich bin schon einige Mal mit dem Zug an den Gardasee gefahren. Die Strecke ist traumhaft schön, und ich empfehle jedem, einmal diese Zugreise über die Alpen zu machen. Am Gardasee braucht man dann aber jemanden, der mit dem Auto vor Ort ist. Denn mit den öffentlichen Verkehrsmitteln kommt man dort nicht wirklich gut voran und vor allem nicht den Berg zu uns hoch. Taxen sind auch Mangelware.

Reisen ist jedoch für viele Menschen viel mehr als die pure Entspannung, nämlich das Kennenlernen neuer Kulturen, die Besichtigung von spannenden Bauwerken und Sehenswürdigkeiten, ein Eintauchen in eine fremde Kultur und Küche und vieles mehr. Ich glaube, es liegt bei mir daran, dass mein Berufsleben so aufregend und abwechslungsreich ist, dass ich das private Reisen nicht für Abenteuer, sondern vor allem für pure Entspannung nutze. Vielleicht ist es aber auch einfach eine Typ-Sache, denn schon als Kind hatte ich wenig Lust auf klassische Sehenswürdigkeiten, wenn es nicht gerade Kunstmuseen waren, die haben mich schon immer fasziniert.

Meine Eltern machten mit uns auch einige Reisen in europäische Städte und die ein oder andere Fernreise, wofür ich ihnen heute sehr dankbar bin. Aber gerade bei alten Kirchen und Ausgrabungen verstand ich nie, wieso wir uns in eine Schlange mit Tourist*innen stellten, warteten und warteten, um dann das zu fotografieren, was schon hunderttausendmal fotografiert worden war und in jedem Laden um die Ecke auf Postkarten abgedruckt war. Meistens sah die Touristenattraktion genauso aus wie auf dem Bild im Reiseführer. So sieht das aus. So habe ich mir das auch vorgestellt, dachte ich dann.

In der 12. Klasse nahm ich an einer Studienreise nach Rom teil. Wir fuhren mit dem Nachtzug und veranstalteten in unserem Abteil eine große Party. Unsere Lehrer*innen waren wenig begeistert von unserem Verhalten und schleiften uns in Rom angekommen von Kirche zu Kirche. Wir nahmen in der gesamten Woche kein einziges Mal den Bus oder die U-Bahn und liefen stundenlang durch die Stadt. Wenn ich morgens aus dem Bett aufstand, fiel ich fast hin, weil die platt gelaufenen Fußsohlen so schmerzten. Ich bin mir sicher, unsere Lehrer*innen haben uns mit Absicht wie Vieh über die Alm getrieben. Abends waren wir viel zu k. o. zum Ausgehen, und unsere Lehrer*innen mussten keine Eskalation im römischen Nachtleben befürchten.

Ich regte mich sehr über den kulturellen Überaktionismus unserer Lehrer*innen auf. Ich wollte etwas über die Stadt erfahren, aber Rom war auf diese Weise einfach zu viel. Wir bekamen so viele Informationen durch so viele verschiedene Stadtführungen und waren oft so müde vom vielen Laufen, dass wir in unseren Köpfen alles durcheinanderwarfen und meist schon abends nichts mehr wussten, was wir an dem Tag eigentlich besichtigt hatten. Nach der Reise waren wir nicht schlauer als vorher.

Was mich am Reisen schon immer viel mehr faszinierte, als uralte Bauwerke zu besichtigen, war der fremde Lebensstil. Ich liebte es, Menschen anderer Kulturen zu beobachten. Mit sechs flog ich das erste Mal. Unsere Familie unternahm eine Reise nach Paris. Mich begeisterte dort weder der Eiffelturm noch die Mona Lisa. Viel spektakulärer fand ich das Treiben auf den Straßen. Diese vielen Menschen, die so chic waren und es alle eilig hatten. Die Menschen hielten nicht bei Rot an, sondern liefen einfach alle über die Straße. Ich erinnere mich an den netten Crêpes-Verkäufer, der mit mir sprach, obwohl ich kein Wort verstand. Was er sagte, klang engelsgleich und wunderschön, und der warme Maronen-Crêpe war das Leckerste, was ich je gegessen hatte.

Viele Jahre später war ich als Model in Mailand, Paris, London, Athen, Auckland und Sydney unterwegs. Und auf all diesen Reisen genoss ich es sehr, die Städte in meinem eigenen Tempo zu erkunden. Ich ging hier und da mal ins Museum, besichtigte die Oper in Sydney und die Akropolis in Athen. Dann aber immer mit viel Zeit und echtem Interesse. Aber am meisten liebte ich es, mich einfach alleine mit einem Buch in ein schönes Café zu setzen, etwas Gutes zu essen und die Menschen zu beobachten. Jede Stadt hatte ihren eigenen Vibe, ihren ganz eigenen Stil, und es macht mir Spaß, den genau zu beobachten und zu rätseln, wie er wohl entstanden ist.

Manchen ist es ein tiefes Bedürfnis, um die ganze Welt zu reisen und eine Touristenattraktion nach der nächsten von einer imaginären Liste zu streichen. Für meine Mutter etwa ist Reisen eine ihrer großen Leidenschaften. Ihr ganzes Wohnzimmer steht voll mit kleinen Schätzen, die sie auf Reisen erworben hat. Holzmasken aus Äthiopien, bunte Bilder aus Mexiko und Steinfiguren aus Myanmar. Ihr Wohnzimmer gleicht einem Nationalmuseum. Im Bücherregal stehen Fotobücher, die sie nach ihren Reisen zusammenstellt. Meine Mutter hat diese imaginäre Liste im Kopf und hängt an ihr. Sie möchte einfach so viel wie möglich von der Welt sehen.

Das kann ich ihr nicht verübeln, aber ich erwische mich manchmal trotzdem dabei, wie ich diese vielen Reisen verurteile. Es zeigt schon, wie privilegiert wir sind, denn klima- und ressourcentechnisch ist es völlig unmöglich, dass alle Menschen dieser Erde so viele Reisen unternehmen können. So schön Reisen ist, so global ungerecht ist eben die Anzahl an Urlaubsreisen, die wir Deutschen unternehmen und für die wir als Reiseweltmeister bekannt sind. Aber wenn meine Mutter von ihren Reisen zurückkommt – meistens ziemlich erschöpft, aber mit leuchtenden Augen von einer fremden Kultur schwärmt –, dann ärgere ich mich über mich selbst, dass ich ihr diese Leidenschaft nicht gönnen kann.

Ich bin im Herbst 2018 das letzte Mal Langstrecke geflogen, und es geht mir gut damit. Klingt das nicht total eingebildet? Sehr viele Menschen sind überhaupt noch nie so weit geflogen. Aber in meinem Arbeitsumfeld, bei meinen Freunden und innerhalb der Familie ist es fast schon Standard, mindestens einmal im Jahr nach Kapstadt, in die USA, nach Neuseeland oder Bali zu fliegen. Hin und wieder kommt auch bei mir das Fernweh hoch. Ich brauche nicht viel, um glücklich zu sein. Eine Liege und Sonne im Gesicht reichen mir. Wenn der Berliner Winter besonders kalt und grau ist, finde ich die Vorstellung doch sehr verlockend, einfach in die Sonne abzuhauen.

Als Sebastian und ich uns dazu entschieden haben, dass er ein Jahr in Elternzeit geht, haben wir das in dem Bewusstsein gemacht, dass wir so die größtmögliche Freiheit haben werden. Während ich meine Freiberuflichkeit sowieso von überall aus ausüben kann, arbeitet er für sein Eierlikör-Start-up *Rübbelberg*. Wir hatten viele Pläne für dieses Jahr. Eine Italien-Rundreise, Japan und einen Winter in der Sonne. Hier hat uns die Pandemie – so wie vielen anderen auch – einen Strich durch die Rechnung gemacht, und so waren es letztendlich nur sechs Wochen Gardasee und ein sehr langer kalter Winter, in dem es nicht mal die Möglichkeit gab, auf einem Berg in den Alpen Sonne zu tanken. Das schlägt aufs Gemüt. Nicht nur durch das fehlende Vitamin D, sondern auch, weil der Tapetenwechsel fehlte. Weil es dem Menschen einfach guttut, hin und wieder etwas anderes als die eigenen vier Wände zu sehen. Beim Reisen lernen wir andere Kulturen und Lebensweisen kennen. Es lehrt uns im besten Fall Toleranz und macht uns zu weltoffeneren Menschen, was für ein friedliches Zusammenleben (mit unseren Nachbar*innen) essenziell ist. Wenn wir nicht reisen können und darüber traurig sind, hilft nur Dankbarkeit. Denn die eingeschränkte Reisefreiheit ist wohl eines der kleineren Übel der Pandemie, und immer wieder haben wir uns vor Augen gehalten, wie gut es unserer kleinen Familie geht und wie dankbar wir für alles sind.

Oft frage ich mich, wie viel Reisen moralisch vertretbar ist. Was kann man mit halbwegs reinem Gewissen tun? Sollte die Entscheidung darüber, wie viel man reist und wie sehr man dabei versucht, das Klima zu schonen, jedem selbst überlassen sein? Wäre eine gesetzliche Regulierung nicht viel sinnvoller? Gäbe es klare Regeln, wie viel man fliegen darf, würde man sich viel genauer überlegen, wann man wohin fliegt. Menschen würden zeitlich längere Reisen unternehmen und weniger spontane Kurztrips machen.

Viele Menschen haben gar nicht die finanziellen Mittel, einen Langstreckenflug im Jahr zu machen. Aber um sie geht es hier auch nicht. Ich denke an Menschen, die maßlos reisen. Ich erinnere mich an einen Patienten, von dem mir mein Vater erzählt hat. Er besitzt eine Ferienwohnung in Südafrika und fliegt gerne für ein langes Wochenende dorthin. Am Donnerstagabend setzt er sich ins Flugzeug und ist Montagmorgen wieder zurück. Er schläft im Flugzeug, und da es keine Zeitumstellung gibt, kann er direkt am Montag ins Büro gehen. 13.000 Kilometer hin und 13.000 Kilometer zurück, für ein Wochenende.

Wenn ich solche Geschichten höre, wünsche ich mir eine Regulierung. Ich glaube schon, dass man ein Maß für private Reisen finden könnte, das uns zwar so einschränkt, dass wir nicht jederzeit überall hinfliegen können, aber dennoch genug reisen können, um über unseren Tellerrand zu gucken, zu lernen und uns ausreichend zu entspannen.

Welche CO_2-Bilanz eine Reise hat, wird oft unter- oder überschätzt. Ich erinnere mich noch gut an eine Reise mit meiner Freundin Pola in ein Fünf-Sterne-Luxushotel in den Dolomiten. Ich erzählte davon auf Instagram und bekam ein paar

Nachrichten von Follower*innen, die mich fragten, wieso gerade ich, die sich mit Nachhaltigkeit auseinandersetzt, Urlaub im Luxushotel machen muss. Das wäre doch aufgrund des riesigen Swimmingpools, der Saunalandschaft und des ganzen überflüssigen Luxus alles andere als nachhaltig.

Was diese Follower*innen nicht wussten, ist, dass das Hotel ein ausgeklügeltes Nachhaltigkeitskonzept hat. So wurde bei der Planung darauf geachtet, dass es sich architektonisch in die Landschaft einfügt, anstatt aus ihr herauszuragen. Es hat eine eigene Biomasse-Wärmeanlage, bezieht das Essen aus der Region, und selbst die Hölzer, aus denen es gebaut wurde, stammen aus lokalem und nachhaltigem Anbau und wurden von Gewerken aus der Region verarbeitet. Das ganze Hotel ist CO_2-neutral. Das wird erreicht, indem Emissionen eingespart und die unumgänglichen Emissionen an anderer Stelle kompensiert werden. Pola und ich sind mit dem Zug angereist, und der CO_2-Ausstoß dieser Reise liegt mit großem Abstand unter dem, was beispielsweise ein*e Rucksackreisende*r in Thailand verbraucht. Denn auch, wenn deren Reisestil erst mal nachhaltiger wirkt (surfen, Yoga, vegane Ernährung, Couchsurfing), haut der Flug dermaßen rein, dass diese Reise deutlich stärkere Auswirkungen auf den Planeten hat als Urlaub in den Dolomiten im nachhaltigen Luxushotel. Das zeigt im Kleinen sehr gut, wie schwierig es in fast jedem Bereich ist, eine möglichst nachhaltige Entscheidung zu treffen.

Wir wissen alle viel zu wenig über die Auswirkungen unserer Bewegungen auf diesen Planeten, und ich war sehr lange ganz vorne mit dabei. Jahrelang flog ich wie wild durch die Gegend! Nach meiner Teilnahme bei *Germany's Next Topmodel* standen viele Termine innerhalb Deutschlands an. Oft flog ich morgens von München nach Berlin und abends wieder zurück. Ich besaß eine Miles-and-More-Karte und sammelte fleißig Meilen, wie eine echte Schwäbin. Ich erinnere mich gut daran, dass eine Modelkollegin und Freundin, die noch deutlich mehr unterwegs war als ich, eine *Lufthansa Frequent Traveller-Karte* besaß. Ich war ein bisschen neidisch und wollte auch so eine Karte haben, die mir Zutritt zur Lufthansa Lounge, gratis Frühstück, Tageszeitungen und einer kleinen elitären Welt verschaffen sollte.

Da wurde jedoch nichts draus. Ich fand mich aber auch ohne die Karte unwahrscheinlich cool, wenn ich mit meinen zwanzig Jahren morgens unter der Woche in das Flugzeug stieg. Oft war ich dabei umgeben von Managern. Und ich gendere hier bewusst nicht! Denn es kam nicht selten vor, dass ich ausschließlich von mittelalten weißen Männern in Anzügen umgeben war. Ich war immer die bunte Hündin zwischen den Managern und liebte es, allen zu zeigen, dass Fliegen genauso mein täglich Brot war wie für sie. Ich war immer bestens ausgestattet: Noise-Cancelling-Kopfhörer, Schlafmaske, Nackenkissen. Ich konnte überall einen Powernap einlegen, auch wenn ich dabei dem ein oder anderen Manager auf den Anzug gesabbert habe. Meine Mutter nannte mich Jet-Setterin und Weltenbummlerin, und bei Jobs sagte ich statt »Mein Flug geht um fünf«, »Mein Flieger geht um fünf«. Mit einer Arroganz, als würde mir das Flugzeug höchstpersönlich gehören. Ich hatte mir das bei den Managern abgeguckt und fand mich irre lässig dabei.

Im Nachhinein ist mir das peinlich. Auch, dass ich mich so dafür abgefeiert habe, mit meinem Handgepäck durch die Flughäfen zu stolzieren. Gepäckband? Pah, das ist was für Touris. Manchmal hatte ich nicht mal einen Handgepäckkoffer, sondern lediglich eine kleine Handtasche dabei. Was für ein erhabenes Gefühl! Ich kannte den Weg zum Taxistand in- und auswendig und belächelte die Tourist*innen, die sich beim Aufruf des Fluges schlagartig brav in die Schlange stellten. Ich wusste, wo welches Gate lag, wie lange man dorthin brauchte, wo es die besten belegten Brötchen gab und welche Security-Check-Schlange am schnellsten zu passieren war. Ich stellte mich immer dort an, wo sich die Manager anstellten. Die waren gut organisiert, und es gab keine Schwierigkeiten wegen vergessener Flüssigkeiten im Handgepäck.

Ich war stolz darauf, so viel zu fliegen, und hängte in meiner Wohnung eine Weltkarte auf. Alle Länder, die ich schon bereist hatte, versah ich mit einem grünen Aufkleber. Die, in die ich noch reisen wollte, mit einem roten.

Fliegen war cool. Und erschien mir so sauber und elegant, im Gegensatz zu dreckigen Autos mit ihren knatternden Auspuffen. Die wunderschönen Fotos auf Instagram aus dem Flugzeugfenster. Sonnenuntergang, der Blick auf die Wolkendecke – ein Traum! Ein schier schwereloses Schweben durch die Atmosphäre. Dazu die fein frisierten Stewards und Stewardessen. Alles war sauber und ging korrekt zu. Kein Chaos wie im Straßenverkehr. Kein Hupen, kein Stress. Das Fliegen war eine feine Sache. Dementsprechend erschrocken war ich, als ich mich mehr mit den Folgen beschäftigte und erfuhr, was für eine dreckige und umweltzerstörende Angelegenheit das Fliegen eigentlich war.

Als mir die CO_2-Bilanz des Fliegens bewusst wurde, begann ich, meine Flüge über eine Plattform zu kompensieren. Ich erinnere mich gut an den schockierenden Moment, als ich das erste Mal meine Flugroute und den Flugzeugtyp eingab und mir das System ausrechnete, dass ich mit diesem Hin- und

Rückflug fast so viel verbrauchte wie der Durchschnittsdeutsche im Jahr durch Autofahren.

Ab da änderte ich ziemlich schlagartig mein Reiseverhalten. Ich lebte damals in Hamburg und besuchte die Schauspielschule. Ich nahm mir vor, fortan zumindest innerhalb Deutschlands nicht mehr zu fliegen. Leichter gesagt als getan. Denn mein Berufsleben war teilweise so eng getaktet, dass ich abends bis spät Theaterproben in Hamburg hatte und am nächsten Morgen um 8.30 Uhr zum Shooting im Münchner Fotostudio erscheinen musste.

Aber es gelang mir immer besser, Kunden davon zu überzeugen, die Jobs und Termine so zu legen, dass ich die Möglichkeit hatte, mit dem Zug anzureisen. Für Jobs innerhalb Deutschlands musste ich nie länger als sechs Stunden im Zug sitzen. Was mir am Anfang noch wie eine halbe Ewigkeit erschien, gefiel mir von Zeit zu Zeit besser. Seit einigen Jahren finde ich das Zugfahren viel entspannter und besser. Ich arbeite dort fokussierter, habe mehr Platz und werde sogar seltener krank. Nach Flügen kam ich nämlich oft mit einem Schnupfen nach Hause. Seit unser Baby auf der Welt ist, sind wir noch nicht geflogen, und ich mag gar nicht daran denken, was das für ein emotionaler Stress sein muss, wenn dein Baby weint und du keine Möglichkeit hast, es durch die Gegend zu tragen, weil gerade gestartet oder gelandet wird oder es Turbulenzen gibt. Dazu die entnervten Blicke der Manager und wildfremden Frauen, die dich vorwurfsvoll fragen, ob dein Kind vielleicht Hunger habe.

Die Deutsche Bahn wurde ein fester Teil meines Lebens, und auch hier hatte ich irgendwann meine Managertricks raus. Wenn der Zug zu ausgelastet war, stieg ich beim Bordbistro ein und sicherte mir dort einen Sitzplatz. Wenn es technische Probleme und Verspätungen gab, blieb ich ruhig, stöpselte meine Noise-Cancelling-Kopfhörer ein und machte eine angeleitete Meditation. Und vor jeder langen Fahrt lud ich mir mein Arbeitsmaterial und einen Film herunter, sodass ich mich nicht über wackeliges WLAN aufregen musste. Ich freue mich immer auf meine Bahnfahrten. Wenn ich jetzt beruflich ohne Baby unterwegs bin, genieße ich diese Auszeiten vom Alltag umso mehr.

Meine Beziehung zur Deutschen Bahn hatte ihren Höhepunkt, als ich mein erstes Theaterengagement in Karlsruhe annahm. Das Engagement war ein Traum, der für mich in Erfüllung ging, und ein großes Ziel meiner Schauspielausbildung. Es gibt so viele Schauspieler*innen in Deutschland, dass man es sich nicht unbedingt aussuchen kann, wo man seine Karriere starten möchte. Man bewirbt sich als Anfänger*in in der Regel bei so ziemlich jedem Theater und hofft darauf, irgendwo zum Vorsprechen eingeladen zu werden. Die meisten Bewerbungen landen aber auf irgendeinem Stapel, den sich nie jemand anguckt. Aber am jungen Badischen Staatstheater in Karlsruhe war jemandem meine Bewerbung in die Hände gefallen.

Am Tag meines Vorsprechens war ich aufgeregt, aber ich fühlte mich auch gleich sehr wohl und gab alles. Der Spartenleiter dort war sehr nett und fragte nach dem Vorsprechen, ob ich mir eine Festanstellung vorstellen könnte. Das war der Traum eines*r jeden Schauspielanfängers*in. Und dann auch noch an einem staatlichen Haus!

Ich freute mich sehr, aber ich war nicht bereit, eine Fernbeziehung zu führen. Ich wollte parallel auch meine anderen Jobs machen können und natürlich auch meinen Blog weiterführen. Ich setzte meine Idee einer halben Stelle durch und im Sommer 2018 ging es los. Ich bezog ein kleines Ein-Zimmer-Apartment in Karlsruhe, fuhr aber frisch verliebt, wie ich war, sooft ich konnte zu Sebastian nach Berlin. Fast mein komplettes Theatergehalt ging dabei für Zugfahrten drauf. Aber das war es mir wert! Ich wollte unter keinen Umständen fliegen, da ich wusste, was das für den Planeten hieß. Dreimal kam ich nicht drum herum, mich für Jobs in ein Flugzeug zu setzen. Den Rest der Zeit pendelte ich brav auf Schienen, mit meinem Mehrweg-to-go-Becher für Kaffee, meiner Trinkflasche für Wasser und hin und wieder mit präpariertem Nudelsalat in der Brotzeitbox.

Manchmal war ich während dieser sechs Stunden so in die Arbeit vertieft, dass ich mit rauchender Birne erstaunt aufsah, wenn der*die Zugführer*in den nächsten Halt Berlin-Spandau ankündigte. Aber es war cool, dass ich die Zeit so gut nutzen konnte. Auf der anderen Seite übernahm ich mich so auch manches Mal. Als Freiberuflerin kann ich, wenn ich will, immer und überall arbeiten. Und so spielte ich oftmals morgens eine Vorstellung (Kinder- und Jugendtheater findet oft vormittags für Schulklassen statt), setzte mich danach in den Zug und arbeitete sechs Stunden am Laptop. Abends kam ich dann verständlicherweise total erledigt in Berlin an. Ich schrieb Artikel für meinen Blog, eine Kolumne fürs *Nylon*-Magazin, beantwortete E-Mails und interagierte mit meinen Follower*innen auf Instagram. Irgendwann verstand ich aber, dass ich mir meine Kraft besser einteilen musste, und ich begann, häufiger im Zug zu lesen und auch mal eine Serie zu gucken. Ein Pendler*innenleben ist anstrengend, egal mit welchem Verkehrsmittel. Man muss mit seinen Energieressourcen gut haushalten.

Viele Menschen müssen (oder denken, sie müssten) beruflich fliegen. Ich denke zum Beispiel an all die Unternehmensberater*innen, deren täglich Brot es ist, morgens zu einem Kundentermin zu fliegen und nachmittags zurück. Seit Corona ist jedoch vieles anders, und zum Glück ist nun selbst in den konservativsten Unternehmen endlich angekommen, dass Meet und Zoom mögliche Optionen für einen kommunikativen Austausch sind. Klimafreundlich, günstig und bequem. Auch wenn es technisch hier und da mal hakt.

Ein Freund von mir lebt in München, sein Arbeitgeber hat Standorte in Düsseldorf und München. Er sagt, er könne problemlos alles, was er zu erledigen habe, von München aus erledigen. Viele seiner Kolleg*innen, externe Berater*innen und auch er sind dennoch Woche für Woche mit dem Flugzeug nach Düsseldorf und wieder zurück in ihre Heimat geflogen. Manche stiegen, wie er, zwar auf den Zug um, der Großteil der Pendler*innen flog jedoch weiter kurze Strecken mit dem Flugzeug, um etwas Zeit für die Anfahrt einzusparen. Der Arbeitgeber erwarte schlicht die wöchentliche Anwesenheit, egal, woher wer komme. Einfach, weil es schon immer so war. Mein Freund sagte mir auch, dass es ein offenes Geheimnis sei, dass die Beratungsfirmen ihre Mitarbeiter*innen für Projekte auch gerne bewusst in andere Städte fliegen lassen, da sie dort keine Familie oder Freunde haben, die abends auf sie warten. Alle würden dann mehr arbeiten und länger im Büro bleiben. Also anstatt dass die Düsseldorfer*innen in Düsseldorf und die Münchner*innen in München arbeiten, werden alle an den jeweils anderen Standort geflogen.

Als ich das hörte, wurde ich unfassbar wütend und fragte mich, wieso ich jedes Mal lange abwäge, ob ich nun zu meiner Freundin nach London fliegen sollte oder nicht, wenn Firmen einfach nach Lust und Laune und ohne jede Konsequenz Hunderte von Flügen in der Woche buchen.

Seit der Pandemie arbeiten nun alle von zu Hause, und es klappt auch hervorragend, sagt mein Freund. Ich denke, die Corona-Krise war für viele Unternehmen ein Augenöffner, und diese neuen Gewohnheiten können beibehalten werden. Der Staat sollte diese positive Entwicklung mit einem Gesetz für ein Recht auf Homeoffice und Regelungen für Inlandsflüge unterstützen. So eine Verbindung wie Berlin-München, die mit dem Zug in vier Stunden zu bewältigen ist, sollte meiner Meinung nach komplett gestrichen werden. Flüge sollten teurer und Bahnfahrten günstiger werden.

Im September 2019 hat die Bundesregierung ihr Klimapaket vorgestellt. Statt bei 858 Millionen Tonnen wie in 2018 sollen die Treibhausgasemissionen in 2030 bei 543 Millionen Tonnen liegen. Eine Reduktion um 315 Millionen Tonnen. Zwei Gutachten des Wirtschafts- und Umweltministeriums belegen, dass die Regulierungen zu lasch sind, um diese Ziele zu erreichen. Gerade im Verkehrsbereich muss konsequenter gehandelt werden. Aber es gibt hier und da positive Veränderungen. Die CO_2-Steuer für Flüge und Kreuzfahrten wurde angehoben. Es gibt endlich mehr Spartickets, und das WLAN in der Bahn wird ständig ausgebaut, was das Reisen auf Gleisen attraktiver macht.

Leider gibt es heute zumindest in Deutschland keine anständigen Nachtzüge, was ich wirklich schade finde, weil Nachtzüge eine tolle Alternative zu Flügen innerhalb Europas sind. Für unsere Gardasee-Reise wären wir gerne mit dem Autozug gefahren. Das wäre doch großartig, wenn man innerhalb Europas einen Nachtzug nehmen könnte und am nächsten Tag mit dem eigenen Auto zum Beispiel in Südfrankreich wäre. Ohne Risiken, die eine lange, kräftezehrende Autofahrt birgt, ohne Staus und Stress. Leider gab es, als wir nach einem solchen Zug suchten, viel zu wenig Auswahl. Das System ist extrem kompliziert und schwer zu durchblicken, sodass wir nach einigen Versuchen wieder aufgaben. Es sollte ein einheitliches Buchungssystem für Bahn-, Autozug- und Nachtzugreisen innerhalb Europas geben. Sollte es nicht immer mindestens ebenso einfach sein, einen Zug zu buchen wie einen Flug?

Es gibt inzwischen eine Vielzahl an Apps, mit denen man den eigenen ökologischen Fußabdruck bestimmen kann, und die Art und Weise, wie man sich fortbewegt, spielt dabei eine große Rolle. Ich empfehle jedem, mal auf eine Website eines Flugkompensationsanbieters zu gehen und die eigene Flugroute einzugeben. Es ist wichtig, dass wir alle ein Gefühl dafür bekommen, welchen Preis wir fernab des Flugtickets für unsere Reise zahlen. Das führt vielleicht auch zu genaueren Planungen und mehr Wertschätzung dieses Privilegs.

Bei dem Reisethema fällt es mir schwer, eine klare Richtlinie zu finden. Ein befreundetes Pärchen feiert seine Hochzeit in Süditalien, ich bin dabei. Eine Freundin feiert ihren Geburtstag in Athen, ich sage ab. Unsere Reise nach Japan werden wir sicher noch machen, und ich freue mich, irgendwann einmal einen Winter auf Bali zu verbringen. Sollte der Winter dann aber, aus welchen Gründen auch immer, doch in den Alpen stattfinden und es im Sommer wieder »nur« an den Gardasee gehen, werde ich kein unglücklicher Mensch sein. Denn viel wichtiger als die Tatsache, wo man ist, ist doch, wer einen dort umgibt und ob man mit diesen Menschen eine gute Zeit hat.

Zuletzt noch ein kleiner Tipp für alle Familien. Wenn ihr diesen einen Herzensort, der voller Erinnerungen steckt, für euch, eure Kinder und Enkelkinder schaffen möchtet, dann findet einen Ort, der mit dem Zug oder Auto erreichbar ist. Denn eure Kinder werden sicher, so wie meine Brüder und ich an den Gardasee, immer wieder an diesen magischen Familienort zurückkehren.

KAPITEL 3

Der große Bruch

Am 26. Mai 2013 saß ich eingemummelt vor dem Fernseher und guckte, wie viele andere Deutsche auch, einen guten oder schlechten *Tatort*. Ich kann mich weder an die Qualität noch an den Inhalt erinnern, aber daran, dass ich eine gemütliche Schlabberhose trug, die ich kurz vorher für wenig Geld ergattert hatte.

An diesem Abend veränderte das Sendeprogramm *nach* dem *Tatort*, das ich eher aus Bequemlichkeitsgründen denn echtem Interesse laufen ließ, mein Leben. Einer Talksendung sei Dank, einem gewissen Günther Jauch. Es ging um politische Themen, die gerade in der Luft lagen. Nachdem die Gäste, die ich allesamt nicht kannte, vorgestellt worden waren und bevor sie anfingen zu diskutieren, zeigten sie einen Videobericht. Ich hatte die Sendung bis dahin eher halbherzig verfolgt, bestimmt guckte ich parallel auf mein Handy, um Nachrichten zu beantworten oder mich durch Facebook zu scrollen. Es ging um ein schlimmes Ereignis, das sich irgendwo auf der Welt zugetragen hatte. Als das Video die Berichterstattung vor Ort zeigte, blickte ich auf. Während der Sprecher von dem Einsturz einer Textilfabrik sprach, sah ich die wackeligen Bilder eines qualmenden und eingestürzten Gebäudes.

Überall Schutt und Asche. Mehrere schlicht, aber uniform gekleidete und aufgebrachte Männer tragen einen blutüberströmten reglosen Körper in die Richtung eines Krankenwagens. Eine Frau, die eine Platzwunde am Kopf hat, hält laut weinend ihre ebenfalls verletzten Kinder im Arm. Haut und Haare sind mit einer dicken hellgrauen Staubschicht überzogen. Nur die blutigen Wunden, die Augen und die Wege, die sich ihre Tränenfluten auf ihrer Haut gebahnt haben, setzen sich gegen das Grau ab. Ich kann nicht sagen, wie alt sie ist. Die Staubschicht und die Verzweiflung in ihren Augen lassen sie betagt und gebrechlich aussehen. Die Kinder weinen nicht. Sie blicken nur mit weit aufgerissenen Augen und einem starren Blick an der Kamera vorbei.

Nun werden ein Schutthaufen und Männer gezeigt, die schwere Betonstücke zur Seite heben. Darunter sieht man in kräftigen Farben verschiedene Stoffreste und einige zertrümmerte Nähmaschinen, die sich vor dieser grauen Kulisse leuchtend weiß abheben. Schnitt. Eine Näherin erzählt weinend, wie sich der Einsturz der Textilfabrik ereignet hat. Die neutrale Stimme der Sprecherin, die ihre Sätze übersetzt, hat nichts mit der wackeligen, sich überschlagenden Stimme der jungen Frau zu tun.

Jetzt kann ich langsam die Informationen des Sprechers aufnehmen. Über 1000 Menschen seien ums Leben gekommen. Es gebe unzählige Verletzte. Es wäre schon vorher bekannt gewesen, dass das Gebäude einsturzgefährdet sei. Es musste dennoch weiter produziert werden. Welche Firmen im Rana Plaza produziert hätten? Dazu äußert sich aktuell niemand, es sei aber davon auszugehen, dass es Textilketten seien, die hier in Deutschland in jeder Fußgängerzone vertreten seien. Es fallen Schlagworte wie Fast Fashion. Billigkonsum. Ausbeutung. Über 1000 Tote. Über 1000 Tote. Über 1000 Tote.

Ich erinnere mich, dass ich schwitzte, obwohl ich ganz reglos auf meinem Sofa saß. Ein dicker Kloß steckte in meinem Hals. Plötzlich verfolgte ich hellwach die Diskussion der Gäste. Es ging um unseren westlichen Modekonsum, unser gefährliches Verlangen nach schnellen Trends und neuen Dingen. Es ging um erschreckende Zahlen, die zeigten, wie stark der Kleiderkonsum innerhalb der letzten zwanzig Jahre zugenommen hat. Zahlen, die zeigten, wie viele Menschen auf der Welt dafür schuften und unter welchen menschenunwürdigen Bedingungen.

In der nächsten Einstellung steht Günther Jauch neben einer Kleiderstange. Er zeigt Textilien von Modemarken, die es richtig machen und fair produzieren lassen, ohne deren Namen zu nennen. Das Öffentlich-Rechtliche darf abends keine Werbung machen. Die Marken seien aber auf der Website des Senders zu finden. Ich verfolge wie gebannt den Rest der Sendung und gebe die Website in meinen Handybrowser ein. Ich will wissen, wer es richtig macht und wie das dann aussieht. Wie heißen diese Marken und wo finde ich sie? Das schien an diesem Sonntagabend nicht nur mich zu interessieren, denn die Website ließ sich nicht mehr öffnen und stürzte direkt ab. Überlastung, zu viele Klicks gleichzeitig. Das beeindruckte mich. Es waren wohl, genau wie ich, noch sehr viele andere Menschen an dem Thema interessiert. Ein kleiner Funken Hoffnung, dass nicht alles verloren war. Ich probiere an diesem Abend noch einige Male, auf die Website zu kommen, aber keine Chance.

Stattdessen ging ich an diesem Abend zu meinem vollgestopften Kleiderschrank und zog wahllos ein Teil heraus. Zum ersten Mal sah ich mir das Zettelchen mit der Waschanleitung genauer an. Gut versteckt zwischen mehrsprachigen Angaben zur Textilzusammensetzung fand ich den klein gedruckten Hinweis auf den Entstehungsort des Kleidungsstücks: Made in China. Ich hatte keine Ahnung, wie in China produziert wurde. Ich nahm ein anderes Teil aus meinem Schrank. Da war sogar noch das Etikett dran, obwohl ich es bestimmt schon ein paar Monate besaß. Ebenfalls made in China. Und beim dritten Kleidungsstück: Made in Bangladesh. Boom. Ich sah mir die pinke Bluse von allen Seiten genau an. Ich schmiegte meine Wange an den Stoff. Fuhr mit den Fingern über das Markenlogo, das mit weißer Naht auf die Bluse gestickt war. Ich drehte das Oberteil auf links und sah mir die Nähte genauer an. Es wurde offensichtlich mit der Maschine genäht. Jede Naht war schnurgerade, nirgendwo lose baumelnde Fäden. Ich suchte nach irgendeiner Spur, die mir verriet, ob dieses Kleidungsstück in ebendieser dreckigen grauen, staubigen Fabrik produziert worden war. Aber nichts. Die Bluse war perfekt gearbeitet. 100 % Hochglanz, wie aus dem Magazin. Als wäre die Fabrik, aus der das Kleidungsstück stammt, eine der modernsten, hellsten, freundlichsten der Welt. Ich musste an mein Lieblingskinderbuch »Charlie und die Schokoladenfabrik« denken. So eine Fabrik eben. Die einen zum Staunen bringt. In der alles aus Gold ist und glänzt und ebendieser seidige Blusenstoff von altmodisch, aber tadellos frisierten Damen in weißen Samthandschuhen verarbeitet wird.

Nachdem ich die Bluse in meinen Schrank zurückgehängt hatte, öffnete ich alle Schranktüren meiner fünf mattweißen Ikea-Kleiderschränke und trat ein paar Schritte zurück. Die Schränke waren voll. So voll, dass man die Regalbretter kaum sah. Ein Sammelsurium bunter Stoffe und unterschiedlichster Materialien. Viele Karomuster, viel Glitzer, viel Schwarz, viele knallige Farben. Die Kleiderschränke waren nur sehr grob nach Oberteilen, Kleidern, Hosen und so weiter sortiert. Die Kleiderstangen waren voll behängt. Kein einziger freier Bügel war zu sehen. Unter den hängenden Oberteilen Stapel mit Pullis, Jeans und T-Shirts. Die Stapel waren hier und da durch das Rausziehen eines Kleidungsstücks zusammengefallen, und offensichtlich war ich zu faul gewesen, den Stapel wieder herzustellen und die Kleidung sorgfältig zu falten. Man konnte erahnen, dass auch hinter den Stapeln im Dunkeln Kleidungsstücke lagen.

Ich trat an den Schrank und fischte die Klamotten hervor. Das waren in erster Linie ausrangierte Kleidungsstücke, die ich der Einfachheit halber nach hinten, in die Tiefen meines Schranks verbannt hatte. Diese Teile waren aber weder kaputt noch dreckig. Weder zu klein noch zu groß. Sie gefielen mir ganz einfach nicht mehr oder hatten sich bereits wenige Tage nach dem Kauf als Fehlentscheidung entpuppt. Ich stieß auf einen wolligen Kurzarmpullover von H&M, der vorne mit Rüschen und drei großen, mit Stoff bezogenen Knöpfen besetzt war. Das Design hatte etwas Clownartiges, das allerdings durch die Farbe, ein unspektakuläres, dunkles Mausgrau, jeglichen Witz und Charme verlor. Ich wusste wirklich nicht, was mich bei diesem Kauf geritten hatte. Das Etikett, das an der Seitennaht befestigt war, hatte über dem regulären Preis zwei Sticker kleben. Ich zog die Sticker nach und nach ab und stellte fest, dass das Kleidungsstück von ehemals 29,90 Euro auf 19,90 Euro und noch einmal auf acht Euro reduziert wurde. Ich erinnerte mich an die Situation im Laden. Es war Winter, ich dick angezogen mit Daunenjacke und beladen mit Tüten, in denen sich bereits eine Menge Schnäppchen befanden. Ich schwitzte und hatte Durst. Ich war zu faul gewesen, meine drei Schichten auszuziehen, und entschied mich dagegen, das Kleidungsstück anzuprobieren. Was soll man bei acht Euro schon so groß falsch machen?

Neben den aussortierten Teilen entdeckte ich auch ein Asos-Oberteil mit tiefem Ausschnitt, das sich wohl aus Versehen vom Bügel gelöst haben musste und nun schon eine Weile hinter den Stapeln lag. Ich stellte fest, dass ich das Teil nicht vermisst hatte. Wäre es mir jetzt nicht in die Hände gefallen, wäre mir wahrscheinlich niemals eingefallen, dass es Teil meiner Garderobe war. Ich schämte mich. Ich lebte im Überfluss, und mein Kleiderschrank symbolisierte diese Dekadenz par excellence.

Dass es mir sehr gut geht und ich mehr besitze als etwa 95 % der Weltbevölkerung, war mir klar. Doch obwohl mir bewusst war, dass ich extrem viel Mode besaß, war mir nicht bewusst, welche Auswirkungen mein Modekonsum auf andere Menschen und auf die Umwelt hatte. Mode war mein Hobby, mein Beruf und meine große Leidenschaft, und davon wollte ich mich nicht abbringen lassen.

Hier und da hatte ich beim Shoppen vielleicht mal ein wenig ein schlechtes Gewissen gehabt. Ein Funken Ahnung, irgendwo in meinem Unterbewusstsein, dass, wenn ich ein Oberteil für acht Euro kaufte, irgendjemand dafür wirklich bezahlen musste. Aber ich hatte diese Gedanken immer erfolgreich verdrängt. Denn: Alle machten das so. Alle gingen zu H&M und Zara, niemand überprüfte die Herstellungsbedingungen seiner Schnäppchen, und alle wollten beim Einkaufen Geld sparen. Außerdem wusste ich nicht, was die Alternative gewesen wäre. Und Mode war nun mal mein Job, und ich bildete mir ein, es gehöre zu meinem Beruf, die aktuellen Trends verlässlich mitzumachen. Nur wenn ich trendy gekleidet war, druckten mich die Magazine ab. Nur so wurde ich als Stilikone bezeichnet. Und nur so wurde ich für Modeevents gebucht, weil die Kunden wussten, da ist jemand, auf dessen modische Expertise Verlass ist.

Ein Highlight meiner Karriere damals war, als das *Grazia*-Magazin eine ganze Seite mit meinen Fashion Week Outfits abdruckte. Zitat: »Endlich eine Deutsche, die locker mit den internationalen Stilikonen mithalten kann.« Ich platzte vor Stolz. Internationale Stilikonen bekamen stets die neusten Trendpieces von teuren Designer*innen hinterhergeworfen. Sie hatten persönliche Stylist*innen, die für sie die Outfits zusammenstellten. Ich hatte Wochen im Voraus Designer*innen und deren PR-Agenturen kontaktiert, um mir Kleidung auszuleihen. Ich probierte an, kombinierte, und natürlich ging ich zusätzlich shoppen. Denn zu diesem Outfit brauchte ich noch den passenden Schuh. Hier noch eine Bluse und zu diesem Look noch eine knallige Handtasche, um das Outfit aufzupeppen. Ich kopierte internationale Trends, spielte mit Vorurteilen und Klischees und verpasste jedem Look eine eigene Note.

Die Fashion Week sah für mich üblicherweise so aus, dass ich weniger selbst über den Laufsteg lief, sondern vor allem in der ersten Reihe saß und aus der heiß begehrten »Front

Row« der Show zusah. Oft saßen dort Menschen, denen es nur darum ging, fotografiert zu werden. Die holten schon kurz nach dem Start ihr Handy raus, um darauf herumzutippen, oder durchwühlten die Goodie Bag. Ich wollte auch fotografiert werden, klar, aber ich liebte es auch, die neuen Kreationen auf dem Laufsteg aus nächster Nähe sehen zu können. Ich respektierte die Arbeit der Designer*innen und deren Teams und verfolgte die Show von vorne bis hinten ganz genau. Zwischendurch applaudierte ich, wenn mir etwas besonders gut gefiel, und nach den Shows gab ich gerne begeistert Standing Ovations.

Zwischen den Shows, von denen ich teilweise bis zu vier am Tag besuchte, zog ich mich schnell um. Zu jeder Show einen neuen Look. Zu mancher Fashion Week hatte ich einen Leihwagen plus Fahrer von einem Autohersteller gestellt bekommen und im Kofferraum meine ganzen Outfits dabei. Zwischen zwei Shows hüpfte ich schnell in den Wagen und zog mich umständlich und im Januar frierend auf der Rückbank des Wagens um. Ich passte mein Make-up an den nächsten Look an, massierte kurz meine von High Heels geplagten Füße, lud schnell ein Foto der letzten Show bei Instagram hoch, und weiter ging es.

Zum Essen und Trinken war meist keine Zeit, da musste hier und da ein Häppchen ausreichen. Unzählige Male wurde ich fotografiert. Manchmal taten mir die Wangen vom Lächeln weh. Manchmal wurde es mir zu viel, und ich ließ alle Fotograf*innen links und rechts stehen und hechtete völlig gestresst in meine sichere Zone, ins Auto, und forderte den Fahrer auf, Gas zu geben. Fast wie bei einer Verfolgungsjagd im Film, wenn sich der Held ins nächste Taxi schmeißt und dem Fahrer zubrüllt: »Folgen Sie diesem Wagen! Schnell!« Nur dass wir niemanden verfolgten und ich einfach nur mal Luft holen und meine Gesichtsmuskeln entspannen wollte.

Während der Fashion Week war ich eigentlich im Dauerstress, kam ständig zu spät (wie alle anderen auch), weil die Stadt total überfüllt war. Und abends auf den Partys kippte ich mir einen Drink nach dem nächsten hinter die Binde, um den Stress des Tages abzuschütteln. Am nächsten Morgen wachte ich mit Kopfschmerzen und Schlafmangel auf und versuchte, mein müdes Gesicht mit Gesichtsmaske und viel Make-up wieder auf Vordermann zu bringen. Und das ganze Programm ging wieder von vorne los. Fünf Tage Turbostress. Nach der Fashion Week im Januar lag ich üblicherweise mit einer Erschöpfungserkältung im Bett.

Aber ich hatte auch Spaß daran. Von einem Mode*zirkus* zu sprechen, beschreibt es sehr passend. Es hatte fast etwas Animalisches, wie alle sich aufbrezelten, um sich zu präsentieren und voreinander zu glänzen. Wobei es nie um sexuelle Rivalitäten ging, es ging einfach darum, der oder die Schönste zu sein, wie Pfauen, die ihr Federkostüm präsentieren.

Ehrliche Begeisterung und Emotionen sah man während einer Show in den hinteren Reihen, wo Menschen saßen, die zum ersten Mal bei einer Modenschau waren. Oft standen dort auch schwarz gekleidete Menschen aus dem Designteam der Show, fleißige Näher*innen, die die Entwürfe des*r Designers*in in die Tat umgesetzt hatten. Ich liebte es, sie zu beobachten, weil sie sich so ehrlich mit leuchtenden Augen freuten, wenn das von ihnen in mühsamer Arbeit genähte Kleid über den Laufsteg lief. Diese echte Freude und Begeisterung für Mode waren etwas, das mich mitriss und viel mehr abholte als der Trubel um diese Modewoche.

Was mir am meisten Spaß machte, war die Verwandlung durch Mode. Und auch wenn ich sie bei der Fashion Week viel zu exzessiv betrieb: Ich liebte es, durch bestimmte Mode in eine Rolle schlüpfen und mir mit einem neuen Look eine neue Identität schaffen zu können.

Zurück zu diesem Sonntag vor dem Fernseher und den schrecklichen Ereignissen in Bangladesch. Sie konfrontierten mich konkret mit dem, was ich unterbewusst schon geahnt hatte. Legten offen, dass wahnsinnig viele Menschen unter menschenunwürdigen Bedingungen schuften mussten, damit wir viel zu viele Kleidungsstücke kaufen konnten, die wir alle nicht brauchten. Und das zu Dumpingpreisen.

Ich fasste den Beschluss, mein Shoppingverhalten radikal zu verändern, und erteilte mir erst mal ein komplettes Shoppingverbot. Die ersten Wochen waren nicht so leicht, es war verlockend, meinen Gewohnheiten nachzugehen und zwischen zwei Terminen durch die Stadt zu bummeln. Aber ich blieb hart. Mir fiel auf, wie viel Zeit meine Shoppingtouren eigentlich in Anspruch genommen hatten. Jede Woche war ich mindestens zweimal ein paar Stunden unterwegs gewesen, um das beste Teil zum besten Preis zu finden. Ich hatte mich stolz als Schnäppchenjägerin bezeichnet. Jetzt wusste ich zunächst gar nicht, wohin mit meiner ganzen freien Zeit, aber entdeckte dann viele schöne Dinge für mich wieder. Lesen an der Isar, Zeichnen im Museum. Mein Konto sah ebenfalls viel rosiger aus, und mir wurde klar, wie sehr diese ganzen kleinen Fast-Fashion-Beträge in Summe eigentlich meinen Kontostand beeinflusst hatten. Ich bildete Rücklagen und gab mehr Geld für Theaterbesuche und Konzerte aus.

Einige Monate später begann ich mein Studium an der Schauspielschule, und ich hatte damit etwas gefunden, das mir nicht nur riesige Freude bereitete, sondern neben meinen Jobs auch all meine Zeit in Anspruch nahm. Mode war nun erst mal zweitrangig, trotzdem nahm ich neben der Schauspielschule weiter Modeljobs an, ging auf Events von Marken und ließ mich mit deren Kleidung ausstatten.

Nach eineinhalb Jahren war es Zeit für mich, das traute Nest München zu verlassen. Ich vermietete meine Wohnung erst mal unter und zog mit einem Teil meiner Sachen nach Hamburg und in ein 17 qm kleines WG-Zimmer. Fortan hatte ich statt meiner fünf Kleiderschränke »nur« zwei Schränke zur Verfügung, wovon einer zur Hälfte mit Aktenordnern, Kosmetik und Sonstigem gefüllt war. Was sich zu Beginn wie eine immense Einschränkung anfühlte, entpuppte sich als große Erleichterung.

Ich hatte all die Kleidung mit nach Hamburg genommen, die ich am liebsten mochte und am häufigsten trug. Ich empfand jetzt nicht mehr so ein Gefühl von Überforderung, wenn ich morgens vor dem Kleiderschrank stand und mir mein Outfit zusammenstellte. In München hatte ich manchmal stundenlang vor den fünf Schränken gestanden und gegrübelt, um am Ende doch nur wieder das Gleiche anzuziehen.

Der Umzug war auch deshalb eine der besten Entscheidungen in meinem Leben, weil ich dort mit einer ganzen Reihe spannender Menschen in Kontakt kam, die mich beeinflusst und geprägt haben. Pola Fendel etwa, die ich heute zu meinen engsten Freundinnen zähle. Sie führte damals mit Thekla Wilkening zusammen den Kleiderverleih-Abo-Service »Kleiderei«. Für 34 Euro im Monat (inklusive Hin- und Rückversand) konnte man sich vier Kleidungsstücke für einen Monat ausleihen. Auch wenn es die Kleiderei so heute nicht mehr gibt, sind Pola und Thekla absolute Vorreiterinnen in der Fair-Fashion-Szene und legten mit ihrem Businessmodell den Grundstein für viele andere Leihsysteme. Neben Pola und Thekla lernte ich auch Melodie Michelberger kennen, die neben ihren eigenen Social-Media-Accounts damals die Pressearbeit für viele kleine lokale Hamburger Modeunternehmen machte. Während andere PR-Agenturen um die internationalen großen Fische der Modeindustrie buhlten, vertrat Melodie nur Marken, hinter denen sie voll und ganz stehen konnte. Das imponierte mir, und sie brachte mich mit Hamburger Designer*innen in Kontakt.

Die Schauspielschule in der Hansestadt tat ihr Übriges. Sie lehrte mich kritisch zu denken, laut zu sein, Nein zu sagen und auch mal auf den Tisch zu hauen. In der Welt, aus der ich kam, im Modelbusiness, war ich es gewohnt, meine Klappe zu halten, zu lächeln und mich möglichst gut in Teams einzufügen und anzupassen. Bloß nicht negativ auffallen! Die Stimmung am Set musste unter allen Umständen immer gut sein. Wenn nicht, könnte das auch dazu führen, dass man nicht wieder gebucht wird. Ich wollte, dass der Kunde nach dem Job gegenüber der Agentur sagte: »*She's such a nice girl*«, »*She's adorable*« oder »*Marie's super cute*«.

Meine schwierigste Aufgabe in der Schauspielschule war es also zu lernen, nicht allen gefallen zu wollen. Ich konnte auf Knopfdruck aus mir herausgehen, mich waghalsig in eine Improvisation stürzen, laut schreien, singen und mich vor anderen zum Affen machen. Aber dennoch wollte ich immer allen gefallen, und ich spürte, dass das nicht aufging. Als Schauspieler*in kann man nicht ständig darauf warten, dass einen die Regie lobt. Man muss Vertrauen in das eigene Können haben und selbst mit der eigenen Arbeit zufrieden sein. Ich habe in drei intensiven Jahren gelernt, auf mich und meine Instinkte zu hören und ehrlich mit mir selbst zu sein.

Ich wurde kritischer gegenüber Menschen, die mir meine Zeit stahlen oder mir nicht guttaten. Kritischer gegenüber der Modebranche, die einen schönen Schein vorgaukelte, und gegenüber den »Medien«. Ich wollte nicht mehr um jeden Preis in jedem Magazin erscheinen. Ich wollte entscheiden, mit wem ich zusammenarbeitete.

In Hamburg besuchte ich meine ersten Demonstrationen. In München hatte ich kein einziges Mal einer Demo beigewohnt. Meine Freunde und Kolleg*innen gingen zu keiner, und ich dachte, Demos seien etwas für Politikstudent*innen. In Hamburg waren die Menschen in meinem Umfeld viel politischer, und ich ließ mich davon anstecken. Wir malten Plakate mit der Aufschrift »*Men of quality do not fear equality*« und demonstrierten für Frauenrechte an meinem Geburtstag, dem 8. März. Als 2016 ein Mann in Orlando 49 Menschen in einem Schwulenclub erschoss, veranstalteten wir eine Gedenkdemo, organisierten einen Gitarrenspieler, druckten Liedblätter und sangen an den Landungsbrücken »Imagine« von John Lennon. Und als Donald Trump Präsident wurde, ließen wir unserem Unmut vor der amerikanischen Botschaft an der Alster freien Lauf.

Für mich waren das entscheidende Jahre, in denen ich begriff, dass ich die Zustände in der Welt im Allgemeinen und in der Modebranche im Besonderen nicht einfach als gegeben hinnehmen musste. Ich konnte versuchen, die Welt zu verändern und ein bisschen besser zu machen. Was damit begonnen hatte, dass ich mein eigenes Shoppingverhalten umgestellt hatte, mündete in der Erkenntnis: Ich möchte, dass auch andere ihr Shoppingverhalten umstellen. Ich möchte, dass Unternehmen endlich die Verantwortung für ihr Handeln übernehmen und die Politik aktiv wird, wo es nötig ist, indem sie zum Beispiel Kinderarbeit verbietet und faire Bezahlung zur Pflicht macht.

Von meinem kleinen Hamburger Fair-Fashion-Netzwerk erfuhr ich viel über die Arbeitsbedingungen in der Modebranche, wie eine Lieferkette aufgebaut war, was es überhaupt für Materialien gab, welche davon nachhaltig waren und welche nicht und was um alles in der Welt die Modebranche eigentlich mit der Klimakrise zu tun hatte.

Nachdem ich fast drei Jahre lang überwiegend in Theaterkostümen, Sportkleidung, Jazztanz- und Steppschuhen gelebt hatte, kam langsam das Bedürfnis zurück, mich modisch auszudrücken. Ich wollte mich nicht einfach nur anziehen, etwas tragen, was praktisch und bequem war. Ich wollte meine Individualität ausdrücken und einen sozialen Code rausschicken. Ich wollte durch meinen Look erstaunen, verwirren und zum Ausdruck bringen: Ich bin kreativ und politisch, eine feministische Businessfrau mit Hang zum Traditionellen und definitiv auch ein bisschen verrückt und Rock'n'Roll.

Durch unsere Kleidung wollen wir wahrgenommen werden. Manchmal wollen wir auch nicht wahrgenommen werden, aber selbst das trägt eine Botschaft nach außen. Wenn ich mich möglichst unscheinbar anziehe, symbolisiere ich: Oberflächiges interessiert mich nicht. Also egal, wie wir uns anziehen und ob uns Mode wichtig ist, tragen wir mit ihr unser

Innerstes nach außen. Ich liebe es, mich gedanklich damit auseinanderzusetzen, warum sich wer wie kleidet, und Menschen auf der Straße zu beobachten, um herauszufinden, wer sie wohl sind. Ich liebe es, mit Vorurteilen und Klischees zu spielen. Obenrum Polohemd, unten Cowboystiefel. Perlenohrringe zur Jogginghose. Ich liebe Brüche und wenn man mich anhand meines Outfits nicht direkt einordnen kann. Kleidung ist auch ein praktischer Helfer im Alltag. Ein Businessoutfit gibt mir ein sicheres Auftreten bei einem wichtigen Termin, eine enge Jeans lässt mich konsequenter arbeiten, und mit perfekt sitzender schöner Unterwäsche gehe ich anders aus als mit meinem alten, ausgewaschenen Schlüpper.

Weil ich mich endlich wieder richtig anziehen wollte, verbrachte ich in meinem Abschlussjahr an der Schauspielschule viel Zeit damit, nach nachhaltigen und fairen Labels zu suchen. Gerade Instagram erschien mir da ein geeignetes Werkzeug. Wenn dort in der »Bio« eines Labels *»sustainable«*, *»fair«* oder *»eco«* stand, kam das Label auf meine Liste für faire und nachhaltige Mode. Dass es nicht ganz so einfach war mit der Nachhaltigkeit, stellte sich dann nach und nach noch raus.

Es gab eine Menge Labels, die sich als nachhaltig ausgaben. Ich sah wunderschöne, minimalistische Webseiten mit vielen Pflanzen auf den Fotos und Texten, die davon erzählten, dass die Marke langjährige Partnerschaften mit ihren Lieferanten habe und einem selbst auferlegten *Code of Conduct,* einem Verhaltenskodex unterliege. Die Mitarbeiter sollen gut behandelt werden, Kinderarbeit wird ausgeschlossen etc. Aber wer überprüft das? Die Marke selbst? Auf der Website einer »nachhaltigen« Marke entdeckte ich jede Menge Kleider, die aus Polyester oder zu großen Teilen aus Elasthan bestanden. Stoffe, die aus Plastik sind, welches wiederum aus Erdöl hergestellt wird. Konnte das nachhaltig sein? Ich war verwirrt.

Immerhin gab es damals schon ein paar wenige Öko-Blogs, die sich mit diesen Themen beschäftigten, und ich fand zum ersten Mal etwas Klarheit, echte grüne Labels und schön aufbereitete Informationen. Aber individueller Style und Spaß an der Mode blieben da eher auf der Strecke. Ich fand keine Seite, die meinem Anspruch an Mode und an Nachhaltigkeit gleichzeitig gerecht wurde. Diese Seiten beschäftigten sich alle mit Minimalismus und einer reduzierten Garderobe in gedeckten Farben. Ich wollte mich wild und bunt anziehen. Trotzdem: Ich begriff so langsam, worauf es wirklich ankam. Ich konnte Greenwashing entlarven und unterscheiden zwischen Labels, die tatsächlich nachhaltig waren, und solchen, die nur so taten.

Parallel zur Mode entdeckte ich das Universum Naturkosmetik für mich (mehr dazu in Kapitel 6). Und nach ein paar Monaten hatte ich viele Informationen und tolle Marken gesammelt und zog die einzig logische Konsequenz: Wenn ich etwas verändern möchte, muss ich mein Wissen mit anderen teilen und öffentlich darüber sprechen. Ich gründete meinen Blog www.fairknallt.de über faire und nachhaltige Mode, Naturkosmetik und nachhaltige Lifestylethemen. Der Name entstand fast nebenbei, in meiner Küche, bei einem Frühstück mit meinem damaligen Freund. Ich wollte einen Blog gründen, der laut, bunt und stylisch war und sich nicht so schüchtern zurücknahm wie all die minimalistischen Blogs. Er sollte richtig knallen! Da passte der Name ganz ausgezeichnet.

Zwei Monate vor dem Launch brachte mich Marit Persiel, eine Theatermacherin und darstellende Künstlerin, die damals mit mir an der Schauspielschule war, mit Norian Schneider in Kontakt. Norian war studierter Nachhaltigkeitswissenschaftler und hatte sich im Studium auf Mode spezialisiert. Er hatte Ahnung. Von Siegeln, von Materialien, von Inhaltsstoffen. Er wusste, welche der großen Modemarken sich mit einer pseudonachhaltigen Linie grün wusch und welche Brand echtes Interesse daran hatte, langfristig nachhaltiger zu werden.

Er brachte genau die Expertise mit, die mir fehlte, um meinen Blog fundiert und mit einem echten Mehrwert starten zu können. Spontan bot ich ihm bei unserem ersten Treffen an, bei *fairknallt* miteinzusteigen und den Blog mit mir aufzubauen. Wir schlugen ein und fingen am nächsten Tag in meiner Hamburger Küche an zu arbeiten. Wir hackten acht Stunden am Tag in unsere Laptops, bis unsere Köpfe rauchten. Norian, den ich inzwischen Dr. No getauft hatte, übernahm die wichtige Aufgabe, Brands auf deren Nachhaltigkeit zu überprüfen. Bei vielen Marken, von denen ich mich gerne blenden lassen wollte, weil die Mode so schön war, kam von ihm ein klares Nein.

Innerhalb von wenigen Wochen organisierten wir eine große Blog-Launchparty auf der Reeperbahn für 200 geladene Gäste mit Livemusik, ordentlich Presse und genügend Sponsoren, die das Ganze finanzierten. Und natürlich auch mit einer Goodie Bag. Wie gute Partys in der Modewelt zu sein hatten – davon hatte ich inzwischen Ahnung.

Ich wollte meinen Blog mit ordentlich Krawall starten, und die Party war ein voller Erfolg. Viele Medien berichteten über mein neues Baby, und befreundete Prominenz und Influencer*innen unterstützten mich und teilten die News auf ihren

Kanälen. Der gute Start war sicherlich auch ausschlaggebend dafür, dass der Blog schnell an Reichweite gewann und wir im ersten Jahr viele Kooperationen umsetzen konnten.

Auch wenn ich durch den Blog selbst nicht viel verdiente, tat ich zum ersten Mal in der Modebranche etwas mit Sinn. Ich merkte, dass ich eine ganz andere Energie hatte, mit der ich mich morgens gleich an den Laptop setzte. Ich wurde nicht müde, weiter und weiter und weiter zu produzieren. Ich lieh mir Fair Fashion von Brands aus, stylte und fotografierte neue Looks und drehte Videos zum Thema Naturkosmetik. Ich war meine eigene Kreativdirektorin und Chefin und konnte endlich selbst entscheiden, was ich wie fotografieren und tragen wollte. Jahrelang war ich als Model (vor allem im Ausland, wo ich »niemand« war) ein etwas besserer Kleiderständer gewesen. Am Set wurde ich sehr selten nach meiner Meinung gefragt. Kunde, Fotograf*in, Visagist*in und Stylist*in diskutierten über Outfit, Frisur und Make-up, das Model sollte gut aussehen und einverstanden sein.

Dennoch hatte ich den Beruf jahrelang sehr geliebt. Am spannendsten war für mich die Unberechenbarkeit. Im Ausland besuchte ich teilweise bis zu acht Castings am Tag. Es war körperlich herausfordernd, den ganzen Tag lief ich durch die Stadt. Paris, Mailand, London, Sydney. Im Rucksack mit dabei meine High Heels und mein Modelbuch und immer etwas zu lesen. Ich las viel, blieb eher für mich und hatte oft wenig Lust, mich mit anderen Models auszutauschen. Denn es wurde, obwohl wenig gegessen wurde oder wahrscheinlich gerade deshalb, ständig vom Essen gesprochen, was ich befremdlich fand. Ich war oft einsam im Ausland, aber ich lernte dabei auch, alleine mit mir selbst zufrieden zu sein. Ich ging alleine in Restaurants, lauschte anderen Gesprächen oder las beim Essen. Ich machte Sport und schrieb abends in meinem Zimmerchen Songtexte, die nie irgendwo Verwendung fanden. Und hin und wieder hatte ich einen Job und kam an einen tollen Ort. Und genau diese Aufregung, morgens zu einem Treffpunkt zu kommen und keine Ahnung zu haben, wer oder was einen dort erwartete, liebte ich. Aber meine Auslandsaufenthalte waren nie sonderlich erfolgreich, und ich war doch jedes Mal recht froh, wenn ich wieder zu Hause war und in Deutschland meine gut bezahlten Jobs machen konnte, bei denen ich immerhin ein kleines Wörtchen mitreden durfte, weil ich hier bekannt war.

Ich wurde nach meiner Teilnahme an *Germany's Next Topmodel* 2009 oft auf der Straße angesprochen. Je kleiner die Stadt, desto eher wurde ich angesprochen. In Berlin bin ich am anonymsten, weshalb ich mich hier heute am wohlsten fühle. Entweder ist die Stadt einfach internationaler, oder es laufen sowieso ständig »berühmte« Menschen an einem vorbei, sodass das einfach nicht mehr spannend ist. Bei mir vor der Haustür wimmelt es nur so von Schauspieler*innen. Jedes Mal, wenn ich zum Bäcker oder zur Reinigung gehe, laufe ich irgendeinem*einer *Tatort*-Kommissar*in über den Weg.

Auf *GNTM* angesprochen zu werden, war nie ein großes Problem für mich, aber ich mochte es auch nicht sonderlich. Mit einem »Ey, du bist doch die von Topmodel!« von der anderen Straßenseite angeraunzt zu werden, macht einfach nicht so viel Spaß. Am liebsten waren mir die Leute, die »Ich hab damals für dich angerufen!« gerufen haben. Fun Fact: Bei *GNTM* konnte man noch nie für irgendeine Kandidatin anrufen, die

Entscheidung lag immer alleine bei der Jury. Aber es war wohl als Kompliment gemeint.

Die Teilnahme an der Castingshow und meine Belegung des dritten Platzes gilt in Interviews oft als einer der größten Erfolge und Meilensteine in meinem Leben. Und wahrscheinlich ist das auch so. Aber ich empfinde meine Teilnahme und die Platzierung als eine nicht sonderlich große Leistung. Eher als eine Fügung aus Umständen, Glück und Aussehen, was alles nicht mein Verdienst ist. Gut, ein bisschen Talent ist vielleicht auch noch dabei gewesen. Aber je weiter dieses Ereignis in meinem Leben in den Hintergrund rutschte (und das passierte in meinem echten Leben sehr schnell), umso absurder war es, immer noch darauf angesprochen zu werden. Ich merkte, wie ich die gängigen Fragen jahrelang mit den gleichen Aussagen beantwortete. »Das war eine aufregende Zeit damals.« »Ja, es war der Startschuss meiner Karriere.« Und irgendwann lag GNTM so weit zurück, dass ich manche Fragen gar nicht mehr richtig beantworten konnte. Ich konnte nach zehn Jahren wirklich nicht mehr genau sagen, wie Heidi Klum denn so war. Sie war nett, denke ich, und sehr professionell!

Ich bin sehr dankbar für diesen glücklichen Startschuss in die Mode- und Entertainmentbranche, der mir mein heutiges Leben und die Freiheiten, die ich habe, ermöglicht hat. Und es war eine bombastische Erfahrung! Aber als ich das erste Mal auf der Straße mit den Worten »Du bist doch die Marie von Fairknallt, ich finde deinen Blog richtig toll, lese ihn immer und bin seitdem viel motivierter, nachhaltig zu leben« angesprochen wurde, da ist mir das Herz aufgegangen. Da habe ich zum ersten Mal verstanden, dass ich wirklich etwas bewirke und dass das sinnvoll ist, was ich mache.

Ich verstehe die Kritik und die Frage, die manchmal aufkommt: »Kann ein Modeblog denn überhaupt nachhaltig sein? Ein Modeblog regt doch immer zum Konsum an.«

Ich glaube, der Mensch wird immer ein Bedürfnis danach haben, sich schön zu kleiden. Und unser Wirtschaftssystem ist auf Konsum und Gewinn ausgelegt. Ob der Kapitalismus langfristig das beste Modell für eine Gesellschaft und unsere Erde ist? Ich glaube nicht. Bis sich etwas ändert, wird es aber noch sehr lange dauern. Ich möchte zumindest jetzt dafür sorgen, dass Menschen bewusster und weniger konsumieren und diese Dinge gezielt aussuchen. Wenn sowieso gekauft wird, dann möglichst faire und nachhaltige Produkte. Jedes T-Shirt, das ein*e Leser*in dank mir in Bio-Baumwoll-Qualität kauft, ist für mich ein kleiner Erfolg. Und wer weiß, vielleicht ist bei manchen der Konsum von Fair Fashion der erste Schritt, um im zweiten Schritt zu verstehen, warum weniger Konsum, Entwicklung eines eigenen Stils und Pflege der Kleidung noch wichtiger für eine nachhaltige Zukunft der Mode sind. *Buy less, choose well, make it last.* Weise Worte von der berühmten britischen Designerin Vivienne Westwood, die ich so oft es geht verbreite.

Engagement wirkt. Gerade in meinem privaten Umfeld konnte ich viele davon überzeugen, in Zukunft einen Bogen um Fast-Fashion-Konzerne zu machen. Nicht mit erhobenem Zeigefinger, sondern mit Aufklärung: »Wusstest du eigentlich, dass Zara so viele Unterlieferanten hat, dass sie selbst gar nicht mehr wissen, wer wo ihre Mode produziert? Die Trends von den Schauen der großen Designer*innen müssen so schnell in den Laden kommen, dass der Unterlieferant den Unterlieferant den Unterlieferant beauftragt. Und am Ende näht dann eine Mutter mit ihren drei Kindern in einer Wellblechhütte auf dem Fußboden die Pailletten an das Party-Top.« Neben der Aufklärung versuche ich, andere zu inspirieren und zu begeistern: »Guck mal, ich habe diesen megaschönen neuen Pulli. Der wurde fair in Polen produziert und besteht aus Bio-Wolle von glücklichen Freilandschafen.« Der dritte Baustein ist das Kompliment. Wenn mir Menschen aus meinem Umfeld stolz erzählen, dass sie sich jetzt einen nachhaltigen Wintermantel statt einen vom Fast-Fashion-Konzern gekauft haben, finde ich das großartig und verteile überschwängliche Komplimente. Und das fällt mir nicht schwer, weil ich mich ehrlich darüber freue! Mit jeder einzelnen Kaufentscheidung, die wir treffen, bestimmen wir den Markt und entscheiden über die Welt von morgen.

Der Blog hat mir aber zusätzlich auch dabei geholfen, mich als Model anders zu positionieren. Immer häufiger konnte ich konventionelle Jobs absagen und wurde von nachhaltigen Marken gebucht. Ich bin zum Beispiel sehr dankbar für eine dreijährige Testimonialkooperation mit Lavera Naturkosmetik, die seit Beginn des Blogs dabei waren und mir viel finanzielle Sicherheit gaben. Ohne diesen Deal hätte ich mich nicht so schnell von konventionellen Modejobs verabschieden können.

Auch dank der inhaltlichen Unterstützung von Dr. No wurde ich immer mehr zum Profi auf dem Gebiet, bildete mich weiter und wurde selbst zur Expertin. Ich sprach bei Markus Lanz über den aktuellen Stand in Bangladesch und was sich dort getan hatte, seit die Fabrik eingestürzt war. Ich saß bei Podiumsdiskussionen neben Joschka Fischer und diskutierte über die Verantwortlichkeiten in der Textilbranche. Ich gab jede Menge Interviews. Ich wollte, dass alle von der Ungerechtigkeit in der Textilbranche erfuhren. Auch davon, dass Fair Fashion ein feministisches Thema ist. 45 Millionen Menschen arbeiten weltweit in der Textilbranche. Drei Viertel davon sind Frauen, die meisten werden miserabel bezahlt, müssen Überstunden machen und haben keinerlei Absicherung oder Mutterschutz. Nicht wenige sind am Arbeitsplatz auch sexueller oder körperlicher Gewalt ausgesetzt. Ich wollte, dass die Menschen in Zukunft nicht mehr sagen konnten: »Ich habe nichts davon gewusst, wie sich mein Modekonsum auf das Klima und das Leben so vieler Menschen auswirkt.«

Manchmal war dieser Kampf auch ermüdend. Ich befand mich in Hamburg und auch später in Berlin in einer grünen Blase, und wenn ich wieder mal von einer Zahl erfuhr, die zeigte, dass immer mehr sinnlos konsumiert wurde, war ich frustriert. Die ganz großen Shows und Events fanden ohne mich statt, für konventionelle Marken war ich mit meinem Aktivismus uninteressant geworden. Und manchmal beneidete ich Influencer*innen, die sündhaft teure und ausgefallene Designerkleidung hinterhergeworfen bekamen und ohne Kritik eine Langstreckenreise nach der nächsten machen konnten, während ich vor allem weiße Bio-Baumwoll-T-Shirts bekam und einen Shitstorm, wenn ich meinen Kaffee aus einem Einweg-to-go-Becher trank.

Obwohl ich in Interviews gerne einmal das Gegenteil behauptete, litt mein Stil. Denn ich wollte mich nur noch fair kleiden, aber es gab und gibt auch immer noch nicht alles, was ich gerne anziehen würde, fair produziert. Das liegt in erster Linie daran, dass die Entwicklung nachhaltiger Stoffe noch in den Kinderschuhen steckt. Und dass man bei Fair Fashion bei den Rohstoffen und den Chemikalien eingeschränkt ist.

Manchmal wurde ich schwach und shoppte etwas online bei einem Fast-Fashion-Anbieter. Zum Beispiel ein bestimmtes modisches Accessoire, das ich einfach nicht fair und nachhaltig produziert fand. Doch wenn ich es trug, fühlte ich mich nicht sonderlich gut. Ich schämte mich, schwach geworden zu sein, und sehnte mich zurück zu dem guten Gefühl, Fair Fashion zu tragen. Denn wenn ich etwas trug, das fair und nachhaltig produziert war, trat ich wirklich ganz anders auf. Selbstbewusster und selbstbestimmter. Und die Wertschätzung war da. Ich gab mir mehr Mühe, dieses Kleidungsstück zu hegen und zu pflegen, weil ich wusste, wer es genäht hatte. Seit dem großen Bruch in meinem Leben habe ich echte Lieblingsteile in meinem Schrank, an denen mein Herz hängt. Die eben nicht austauschbar sind wie Fast-Fashion-Teile von der Stange.

Auch wenn ich mit der fairen Mode sehr konsequent bin und nur äußerst selten Kompromisse eingehe, ist mir gleichzeitig klar, dass ich solch hohe Ansprüche nicht an andere stellen kann. Es kann sich nicht alles von heute auf morgen ändern. Es ist ein Prozess, und deshalb ist es wichtig, einfach irgendwo anzufangen mit der fairen Mode. Sei es, zukünftig einen großen Bogen um Konzerne zu machen, die nicht nachhaltig produzieren, oder auch mal secondhand zu shoppen, einfach ein kaputtes Kleidungsstück zum*r Schneider*in zu bringen oder für mehr Fairness in der Modebranche auf die Straße zu gehen. Alles ist besser, als nichts zu tun.

Statt einer Gedenktafel findet man heute in Rana Plaza nur einen leeren Bauplatz und ein paar vertrocknete Blumensträuße. Lediglich ein paar herumfliegende Etiketten von Marken, die hier produzieren ließen, erinnern an die Katastrophe.

Benetton, Bonmarché, Prada, Gucci, Versace, Moncler, The Children's Place, El Corte Inglés, Joe Fresh, Mango, Matalan, Primark und Walmart. Die Corona-Pandemie stürzte das Land, dessen Exporte zu 80 Prozent von Bekleidung und Schuhen abhängt, in eine erneute Krise. Aufträge wurden storniert, Näher*innen standen und stehen immer noch auf der Straße und wissen nicht, wie sie überleben sollen. Ein weiteres Mal werden die Textilarbeiter*innen alleingelassen mit ihrem Schicksal. Es ist Zeit, dass sich wirklich etwas ändert. Nicht nur in diesem Land, sondern auf der ganzen Welt. Es wird Zeit, dass Wegwerfmode endlich der Vergangenheit angehört.

KAPITEL 4

Was kostet die Freiheit?

Ich bin in einem Vorort von München aufgewachsen. Gauting. Ein nicht sonderlich hübsches, aber gut gelegenes Städtchen mit knapp 20.000 Einwohner*innen, darunter viele junge Familien. Gauting ist an die S-Bahn angebunden, und in 30 Minuten befindet man sich im Zentrum von München. Manchmal macht Sebastian Witze über mich und sagt, ich wäre eine Landpomeranze und nur mit Kühen aufgewachsen. Ganz unrecht hat er nicht, denn die Kuhweide war fünf Minuten zu Fuß von meinem Elternhaus entfernt. Aber Gauting hat auch Schulen, ein Fitnessstudio, ein Kino, ein Freibad, einen Sportverein und inzwischen sogar ZWEI Eisdielen. Die nächste Bushaltestelle ist von der Haustür meines Elternhauses zehn Minuten zu Fuß entfernt. Der Bus fuhr zumindest damals eher selten und nicht sehr verlässlich.

Meine Mutter hatte beruflich immer viel zu tun, und wir mussten alleine zur Schule gehen und zurückkommen. Da auf den Bus kein Verlass war, gingen wir in einem Grüppchen von sieben Zwergen jeden Morgen gemeinsam zur Schule. Auf unseren Rücken die riesigen, knallbunten Scout-Rucksäcke mit baumelnden Glastrinkflaschen mit Stoffschutz drum herum, der von der manchmal überlaufenden Apfelschorle irgendwann ganz braun und klebrig war.

Nach der Schule konnten wir uns Zeit lassen. Wir verbrachten Stunden in der Bäckerei »Sickinger«, wo es diverse Süßigkeiten zu kaufen gab. Die Verkäuferin brachte den halben Tag damit zu, Grundschüler*innen, die auf dem Hin- oder Rückweg zur Schule waren, gemischte Tüten zusammenzustellen.

»Was kostet ein Colakracher noch mal?«

»20 Pfennig.«

»Und eine Banane?«

»Auch 20 Pfennig.«

»Hmmm, nee, dann nehme ich doch lieber zwei weiße Mäuse und einen Schlumpf bitte.«

Ich weiß gar nicht, woher wir damals überhaupt Geld hatten. Aber fast täglich kauften wir auf dem Rückweg von der Schule ein paar klebrige Süßigkeiten für 30 oder 40 Pfennig und trödelten herum, sodass es diverse Male Ärger gab, weil wir zu spät zum Mittagessen erschienen. Der Heimweg war jeden Tag ein Abenteuer, und unterwegs entdeckten wir immer spannende Sachen. Gesprengte Zigaretten- und Kaugummiautomaten, benutzte Kondome unter Parkbänken, und jedes Mal guckten wir in der Telefonzelle nach, ob jemand sein Rückgeld vergessen hatte. Manchmal hatten wir Glück.

Diese Fußmärsche waren zwar oft auch langweilig, ermüdend und anstrengend, aber im Nachhinein finde ich gut, dass wir als Kinder so viel an der frischen Luft waren.

Ab der dritten Klasse durften wir dann das Fahrrad nehmen. Es wurde zu meinem treusten Begleiter und brachte mich meist sicher von A nach B, auch wenn ich die theoretische Fahrradprüfung in der vierten Klasse mit der schlechtesten Note meiner gesamten Grundschulzeit absolvierte: einer Fünf. Da ging es um die Vorfahrtsregeln und die Bedeutung von Straßenschildern. Wir hatten ein Heft, das uns alles genau erklärte, mit nach Hause bekommen, um die Regeln mit unseren Eltern zu lernen. Ich hatte es schlicht verdaddelt, meinen Eltern davon zu erzählen, und ging deshalb komplett unvorbereitet in diese Prüfung. Ich hatte anschließend große Angst davor, meinen Eltern von dieser schlechten Note zu erzählen. Zu meiner Überraschung lachten sie aber nur und waren ganz und gar nicht böse. Ich durfte dann auch trotz versemmelter Fahrradprüfung weiterhin mit dem Fahrrad zur Schule fahren. Gauting hat einen Berg. Mein Elternhaus liegt Gauting *downtown*, die Grundschule und später das Gymnasium Gauting befinden sich *uptown*. Jeden Morgen den Berg hoch zu radeln, nervte mich als Teenagerin, und meine beste Freundin Lois (die um die Ecke wohnte) und ich konnten es nicht erwarten, endlich selbst Auto zu fahren.

Autofahren war in Gauting alles. Und mindestens genauso wichtig, wie möglichst schnell den Führerschein zu haben, war es, ein Auto zu besitzen. Manch cooler Typ aus der Stufe über uns war bei den Mädchen besonders beliebt, einfach weil er ein Auto hatte. Ich erinnere mich an einen, nennen wir ihn Tobi, der nicht sonderlich cool, lustig oder gut aussehend war. Vor seinem Führerschein würdigten ihn die Mädchen keines Blickes. Aber dann machte er den Führerschein und bekam von seinen Eltern einen alten auberginefarbenen 3er-BMW. Fortan war er ständig von einer Schar Mädchen umgeben, die er nach der Schule eine nach der anderen heimfuhr. Im Unterricht legte er seinen BMW-Schlüssel demonstrativ auf den Tisch. Ich fand das ziemlich albern und angeberisch. Die Mädchen nutzten ihn aus und machten sich sogar ein bisschen über ihn lustig. Aber es war eine stille Übereinkunft zwischen den Mädchen und ihm.

Ein einziges Mal, als mein Fahrrad kaputt war und der Bus wieder auf sich warten ließ, konnte ich der Versuchung nicht widerstehen und ließ mich auch von ihm nach Hause kutschieren. Ich saß zwischen zwei anderen Mädchen in der Mitte auf der Rückbank. Es lief ohrenbetäubend laut House-Musik. Gerade so, als ob Tobi Angst davor hatte, sich mit uns unterhalten zu müssen. Ich konnte es nicht erwarten, endlich selbst Auto zu fahren und unabhängig zu sein.

Mein Fahrlehrer war in xyz bekannt, weil einige aus der Region bei ihm fahren lernten. Er hieß Bernd, war vielleicht Anfang 50, hatte einen stattlichen Bierbauch und trug – egal ob bei Minusgraden oder sommerlichen 40 Grad – Birkenstocks. Oben auf dem Kopf hatte er fast keine Haare mehr, dafür trug er den Rest der langen, dünnen Haarpracht als kleines Pferdeschwänzchen im Nacken. Bernd war cool. Alle mochten Bernd, weil er immer lässig war und einen coolen Spruch auf Lager hatte. Wenn ich beim Einparken stark einschlagen sollte, rief er: »Lenk wie der Teufel!«, und wenn er mich an der Schule wieder absetzte, grüßte er diverse Mitschüler*innen und hielt mit dem ein oder anderen ein Schwätzchen über Autos.

Er machte gerne Frauenklischeewitze, was ich damals noch ganz normal fand, und erzählte viele amüsante Anekdoten aus seinen Fahrstunden. Ich war eine durchschnittliche Autofahrerin, aber gegen Ende einer Fahrstunde fuhren wir auf eine unbefahrene Straße, und Bernd trug mir auf, Vollgas zu geben, um dann auf Kommando eine Vollbremsung hinzulegen. Wahrscheinlich war er es von Fahrschüler*innen eher gewohnt, dass sie zögerlich auf die Bremse traten. Er sah ziemlich überrascht aus, als ich bei 80 Sachen mit voller Kraft auf Bremse und Kupplung trat. Von da an hatte ich seinen vollen Respekt. Die theoretische Fahrprüfung bestand ich im Gegensatz zu meiner theoretischen Fahrradprüfung mit wenigen Fehlern.

Aber in den letzten Stunden vor der Fahrprüfung hatte ich immer noch größte Schwierigkeiten einzuparken. Die letzte Fahrstunde vor der Prüfung beendete Bernd mit den Worten »Versuch es halt mal«. Während der Prüfung brauchte ich gefühlt 20 Versuche zum Einparken. Vor lauter Nervosität »überfuhr« ich danach noch ein Stoppschild und hörte von der Rückbank nur: »So, Frau Nasemann, dann fahren Sie mal bitte zurück zum TÜV.« Als ich vom TÜV zur S-Bahn lief, rief ich meine Mutter an und erzählte ihr von meiner vergeigten Prüfung. Ich heulte wie ein Schlosshund.

Als ich beim zweiten Versuch den Lappen endlich in der Tasche hatte, war ich bereits 18. Am Nachmittag durfte ich unsere Familienkutsche, einen dunkelblauen VW Sharan, nehmen und meine beste Freundin zu einer ersten Spritztour abholen. Wir drehten unser damaliges Lieblingslied »Tanz der Moleküle« von der Band Mia auf, sangen lauthals mit und fuhren ziellos durch die Gegend. Ein unbeschreibliches Gefühl von Freiheit und Aufbruch! Nachdem wir jahrelang an irgendwelchen Bushaltestellen gewartet hatten und auf dem Drahtesel schwitzen mussten, war dieses Gefühl, genau jetzt überall hinfahren zu können, einfach unbezahlbar.

Viele schöne Erinnerungen hängen an diesem VW Sharan. Mit diesem Auto fuhren wir immer in den Urlaub an den Gardasee. Mein Vater pflegte gerne während langer Autofahrten aus dem Nichts unser Schweigen, Schlafen und Gedanken-Nachhängen mit einem lauten »Mensch, Kinders, geht's uns gut!« zu unterbrechen. Manchmal untermalte er seine Aussage zusätzlich mit einem kräftigen Schlag auf das Lenkrad. Meine Mutter nickte zustimmend. Meine Brüder und ich saßen auf der Rückbank, fanden das immer ein wenig befremdlich und kicherten über den Alten, der solche allgemeinen Feststellungen gerne etwas zu offiziell verkündete.

Der VW Sharan wurde sowohl für mich als auch für meine Brüder das Fahranfänger*innen-Auto. Es gab ständig Streit, wer es wann haben durfte. Wir nannten den Sharan »die dicke Betzi«, und da das Auto sechs Sitze hatte, mutierte es zum Transportmittel diverser Jugendcliquen und war bei vielen Partys dabei. Wenn es uns wieder einmal sicher irgendwo hingebracht hatte, klopften wir auf das Armaturenbrett: »Gut gemacht, Betzi!«

In diesem Auto bin ich mit Freunden zu Festivals und in Urlaube gefahren. In diesem Auto wurde übernachtet, gefeiert, es wurden Joints geraucht und Sangria getrunken, und es diente bei so mancher Party als intimer Rückzugsort. Ich habe mit der Betzi aus Versehen einen Schulbus gerammt und bin in den Zaun eines Kindergartens gefahren. Ich fuhr als Fahranfängerin wie eine – wie man in Bayern sagt – »g'sengte Sau«, aber bis auf ein paar Schrammen und Beulen am Auto ist zum Glück nie etwas passiert.

Da ich in der Fahrschule immer exakt nach Tempolimit fuhr und oft von anderen Autofahrer*innen angehupt wurde, dachte ich, ich müsse nun, wo ich den Lappen hatte, viel schneller fahren als mit Sky auf dem Beifahrersitz. Vielleicht orientierte ich mich bei meinem Fahrstil auch an meinem großen Bruder, der gerne aufs Gas drückte, oder ich wollte meinen Mitfahrer*innen beweisen, dass ich keine Angst hatte. Jahre später erfuhr ich, dass meine Freundinnen damals oft Angst hatten, wenn sie bei mir mitfuhren. Das ist mir heute ziemlich peinlich. Erst später verstand ich, dass es nicht cool war, schnell zu fahren. Seitdem bin ich eine Autofahrerin, die sich von anderen Fahrer*innen oder dem chaotischen Verkehr internationaler Hauptstädte nicht stressen lässt. Es gibt keine Stadt und keinen fünfspurigen Kreisverkehr, der mich ins Schwitzen bringt, und das mit dem Einparken klappt heute übrigens auch gut.

In meiner Familie spielten motorisierte Gefährte immer eine große Rolle.

Mein Vater, der auch ein super Ingenieur geworden wäre, interessierte sich schon immer für alles, was sich fortbewegt. Als Jugendlicher tuckerte er mit einem alten Moped, das mit Ach und Krach und bergab 50 fuhr, über das Land. Als Erwachsener erfüllte er sich diverse motorisierte Träume – und das bis heute. Unsere Familie besaß, sobald wir Kinder fahren konnten, immer zwei oder drei Autos. Trotzdem gab es scheinbar nie genug, denn fast jeden Abend wurde beim Abendessen wild diskutiert, wer nun wann und wohin mit welchem Auto fahren durfte und wer das Fahrrad nehmen musste. Ich erinnere mich daran, wie unfassbar genervt ich von diesem ewigen Autothema war. Wir hatten doch viel mehr Autos als die meisten Familien, und dennoch wurde ständig darüber gestritten, und tausend Dinge rund um diese Autos mussten organisiert werden. Meine Eltern konnten stundenlang darüber philosophieren, welche neuen Modelle auf dem Markt waren und welches nun die sinnvollste Anschaffung wäre. Meine Brüder wollten natürlich einen möglichst coolen Wagen fahren. Sie begleiteten meinen Vater, wenn er sich Gebrauchtwagen ansah, klickten sich durch eBay und machten immer wieder neue Vorschläge.

Ich entwickelte eine richtige Antipathie gegen Autos und verfiel sofort in jugendliche Genervtheit, sobald es wieder um das leidige Thema ging. Dass ich aber doch auch emotional an Autos hängen konnte, erlebte ich, als die dicke Betzi so langsam ihren Geist aufgab. Wir investierten immer wieder in Reparaturen, die sich eigentlich nicht mehr lohnten, weil wir alle an der alten Familienkutsche hingen. Eines Tages fand mein Bruder das Auto total verbeult in einer Tiefgarage vor. Jemand war volle Kanne in die parkende Betzi gefahren und hatte Fahrerflucht begangen. Als die kaputte Betzi abgeschleppt wurde, wurde ich tatsächlich traurig, und als klar war, dass das Auto verschrottet werden musste, verdrückte ich ein Tränchen. Dabei kam ich mir sehr dämlich vor, schließlich hatte ich immer behauptet, dass mir Autos egal wären.

Mein erstes eigenes Auto kaufte ich mir von meinen Modelgagen nach *Germany's Next Topmodel*. Ich entschied mich für einen gebrauchten schwarzen VW Polo. Ein schlichtes Auto, das mir immer treue Dienste geleistet hat. Ich wohnte damals in der Münchener Innenstadt, und eigentlich hätte ich gar kein Auto gebraucht. München ist so eng und voll, dass man – egal, wohin man fährt – im Stau steht.

Trotzdem war immer klar, dass ich mir von der ersten Gage ein eigenes Auto kaufen würde, weil – das macht man so, und meine Eltern waren immer schon der Meinung, jeder Mensch brauche ein Auto. Ein Mensch – ein Automobil. Zwei Dinge, die unbestreitbar zusammenhängen.

Ich war stolz, mein erstes eigenes Auto zu fahren und unabhängig zu sein. Leider mutierte es regelmäßig zur fahrenden Müllhalde und Flaschensammlung, da sich das Chaos, das sich in meinen eigenen vier Wänden befand, unvermeidbar auch auf mein Auto übertrug. Wenn mein Vater hin und wieder bei mir mitfuhr, schüttelte er den Kopf darüber, wie ich mein Auto so »behandeln« konnte. Er verbrachte liebend gerne seine Samstagvormittage damit, zu großen Autowaschanlagen zu fahren und unsere Autos zu saugen, zu wischen und am Ende durch die Waschanlage zu fahren.

Nachdem ich anfing, mich für eine ökologische Ernährung, nachhaltige Mode und Naturkosmetik zu interessieren, sickerte auch langsam die Erkenntnis durch, dass meine Fahrerei mit dem Auto schlecht für die Umwelt war. Als ich in Hamburg die Schauspielschule besuchte, besann ich mich zurück auf den öffentlichen Bus, den ich morgens und nachmittags nach dem Unterricht nahm. Ich genoss die Ruhe und die Möglichkeit, für meinen Szenenunterricht noch mal durch den Text zu gehen oder Klassiker der Theatergeschichte zu wälzen. Manchmal war ich morgens spät dran und nahm doch das Auto. Das ging zwar schneller, aber ich ärgerte mich bei der Parkplatzsuche und spätestens beim Auffinden des Strafzettels, dass ich morgens nicht einfach zehn Minuten früher aufgestanden war.

Es hatte immer viele Vorteile, dass ich ein Auto besaß. Gerade zu Schauspielschulzeiten. Kaum einer meiner Mitstudierenden konnte sich ein Auto leisten. Obwohl ich zu der Zeit einen Golf fuhr, kam ich mir unter meinen Kolleg*innen, die immer knapp bei Kasse waren und alle Fahrrad fuhren, manchmal etwas angeberisch vor. Und so half ich bei Umzügen und Transporten, fuhr nach späten Proben, die außerhalb stattfanden, meine Kolleg*innen nach Hause, transportierte Requisiten, und an Wochenenden packte ich meine liebsten Kolleginnen ein und wir fuhren zum Baden an die Elbe. Aber es machte mir Spaß, meinen Kolleg*innen mit einer kostenlosen Fahrt eine Freude machen zu können. Mir ist kein Umweg zu weit, meine Freund*innen sicher nach Hause zu bringen, und ich fand Leute schon immer doof, die Freunde bei der nächsten U-Bahn-Station absetzen.

Ich fahre gerne Auto. Ich kann dabei entspannen und loslassen. Ich drehe im Auto meine Lieblingsmusik auf und singe so laut mit, wie ich es mich in meinen eigenen vier Wänden nie trauen würde. Da schäme ich mich zu sehr vor meinen Nachbar*innen. Kräftig zu singen befreit irgendetwas in mir. Oft singe ich auch mit Sebastian gemeinsam laut zur Musik mit, oder wir plärren irgendeinen Quatsch vor uns hin, rufen uns in Dialekten etwas entgegen. Sollte ich irgendwann kein Auto mehr fahren können oder wollen, dann brauche ich zu Hause eine schallisolierte kleine Singkabine. Einen Ort, an dem man den größten Krach von sich geben kann, ohne dass der Rest der Zivilisation auch nur einen Mucks davon mitbekommt.

Meine ersten Elektroerfahrungen mit dem Auto machte ich 2018, als ich mit meinem jüngeren Bruder einen Roadtrip durch Deutschland machte. Wir fuhren einen BMW i3 und hatten zu Beginn einige Probleme mit dem Aufladen des Wagens. Jede Ladesäule hatte ihr eigenes System, eine eigene Bezahlmethode, und es passierte mehrmals, dass das Auto nicht wie erhofft geladen wurde und wir alle 45 Minuten von der

Autobahn abfahren mussten, um den Range Extender (ein Mini-Benzin-Tank) aufzutanken. Einen Roadtrip mit dem Elektroauto zu machen, war zumindest damals nicht die ganz große Idee. Es ist auf jeden Fall sinnvoll, die Ladesysteme in Zukunft so einheitlich und simpel wie möglich zu gestalten.

2019 produzierte ich eine Online-Werbekampagne für einen Hybridwagen von Toyota. Seitdem dürfen wir einen geliehenen Hybrid fahren, der sich beim Fahren selbst auflädt und den wir nur sehr selten tanken müssen. Wir wohnen in Berlin-Prenzlauer Berg und sind, was die öffentlichen Verkehrsmittel angeht, gut angebunden. Im Alltag benutzen wir den Wagen eher selten, wir haben alles, was wir brauchen, vor der Haustür. Sobald wir aber in den Berliner Westen fahren wollen, sind wir auch mal faul und nehmen das Auto. Am Wochenende fahren wir gerne raus aufs Land zum Spazierengehen.

Mit dem Fahrradfahren in Berlin habe ich so meine Schwierigkeiten. Ich sitze zum Schreiben gerne in einem Café am Weinbergspark. Hier kommen von oben immer eine Menge Fahrradfahrer den Berg heruntergeschossen. Ständig sieht man jemanden in die Tramgleise fahren und stürzen. Etwas weiter unten, am Rosenthaler Platz, herrscht immer absolutes Verkehrschaos. Einmal habe ich diese Kreuzung mit dem Fahrrad überquert. Mit Todesängsten! Fahrradwege gibt es in Berlin zwar immer mehr, aber im Vergleich zu anderen Städten immer noch recht wenig. Ich benutze mein Fahrrad nur für kurze Strecken im ruhigen Kiez, alles andere ist mir zu riskant. Ich lasse mir dann alle Zeit der Welt, lasse mich von anderen Fahrradfahrern nicht stressen und sehe es als richtigen kleinen Entspannungsmoment für mich. Die körperliche Betätigung, der Wind in den Haaren, das macht ziemlich Spaß. Ich muss dann oft daran denken, wie ich als Kind Tausende Male unsere kleine Straße auf und ab gefahren bin. Ich durfte noch nicht weiter wegfahren, und so fuhr ich immer wieder die kleine Straße hoch und runter, die leicht bergab ging, und von Mal zu Mal wurde ich mutiger und trat kräftiger in die Pedale.

Ich denke beim Fahrradfahren auch an andere schöne Erlebnisse. Eine Fahrt über die Hallig Langeneß in der Nordsee und die Fahrt über eine kleine Insel, die in einem Naturschutzgebiet vor Auckland in Neuseeland liegt. Auf beiden Inseln gab es so gut wie gar keine Autos, und die Straße komplett für sich zu haben und freihändig über die grünen Inseln zu fahren, ohne Lärm und Gestank, ohne ständig in Habtachtstellung zu sein, war ein absoluter Traum.

Seit unser Sohn da ist, hat sich unsere Autonutzung etwas geändert. Am Anfang brauchten wir es ständig, um mit ihm die Routine-Arzttermine abzuklappern. Er weigerte sich vehement gegen den Kinderwagen. Jetzt, wo er den Kinderwagen liebt, steigen wir nur, wenn es nicht anders machbar ist, mit ihm ins Auto. Mit unserem CHR kamen wir zu zweit super zurecht, und auch Freunde konnten wir gut mitnehmen. Mit unserem Baby wurde er allerdings schnell zu klein. Wenn Sebastian am Steuer saß, war hinter ihm kein Platz für die Babyschale. Die musste deshalb hinter dem Beifahrersitz platziert werden. Ich saß dann hinter Sebastian, um den Kleinen, der auf Autofahrten meistens wenig Lust hatte, beruhigen zu können. Meine Beine hatten so natürlich auch keinen Platz und mussten rechts hinter den Beifahrersitz. Diese verdrehte Körperhaltung samt Rüberbeugen zum Baby waren ziemliche Qualen für meinen schiefen Skolioserücken, länger als 25 Minuten war das nicht auszuhalten.

Für unsere Reise an den Gardasee im Sommer 2020 haben wir uns deshalb die CO_2-Schleuder meines Vaters geliehen. Komfort vor Energieverbrauch. So schlecht mein Gewissen während der Reise war, so klar wurde uns, dass wir zwei Lulatsche mit unseren langen Beinen für längere Strecken ein Auto dieser Größe brauchen, selbst wenn wir nur zu dritt sind. Mein Vater bot uns netterweise seinen SUV für einen sehr günstigen Preis an, er liebäugelte mit der Elektroversion des Wagens. Das war ein super Angebot für uns, aber ich konnte es mit meinem Gewissen nicht vereinbaren. Und ehrlich gesagt auch nicht mit meinem Image.

Ich begann zu recherchieren, es musste eine andere Lösung her. Ständig las ich widersprüchliche Aussagen in Zeitungen. An einem Tag sollte man auf jeden Fall einen Elektrowagen kaufen. Am nächsten hieß es, die Batterien seien eine Umweltkatastrophe. Am übernächsten Tag las ich, die Zukunft seien Wasserstoffautos. Nur gab es die noch nirgendwo zu kaufen. Sollten wir eher einen alten Gebrauchtwagen kaufen, damit keine neuen Ressourcen verbraucht werden? Oder lieber einen Neuwagen kaufen, der einen ökologischeren Verbrauch hat?

Die Automobilbranche sendet keine eindeutigen Signale, was nun die nachhaltigste Lösung ist. Die Politik äußert sich auch selten klar und deutlich, und die Lobby der Autokonzerne ist immer noch stark spürbar.

Als dank der Corona-Krise die Forderung der großen Automobilkonzerne kam, eine Abwrackprämie im Konjunkturprogramm mit aufzunehmen, gab es von der Bevölkerung ordentlich Gegenwind. Vor allem *Fridays for Future*, die Grünen und Linken machten mit dem Slogan »Nein zur Abfuckprämie!« darauf aufmerksam, dass eine solche Prämie absolut rückwärtsgewandt ist. Und dass es stattdessen an der Zeit wäre, nun endlich eine ökologische Verkehrswende einzuleiten, die, statt an alten schmutzigen Technologien festzuhalten, zukunftsorientiert und grün ist. Und siehe da, zumindest dieses Mal hat die Politik mitgespielt und den Vorschlag der Automobilbranche abgesägt. Das lässt hoffen. Eine aktuelle Studie der deutschen Fraunhofer-Gesellschaft besagt, dass Elektroautos, die heute gekauft und in Deutschland durchschnittlich 13 Jahre genutzt werden, eine deutlich bessere Klimabilanz als Diesel und Benziner haben. Bei der Herstellung der großen Batterien wird zwar mehr CO_2 ausgestoßen, aber die voranschreitende Energiewende spielt der Bilanz der Elektroautos in die Karten. Je mehr erneuerbare Energien es im Strommix gibt, desto kleiner wird der Ausstoß der E-Autos. Wohingegen ein konventioneller Verbrennungsmotor auch im 13. Nutzungsjahr eine ähnlich hohe Menge klimarelevanter Gase wie zum Zeitpunkt des Kaufs ausstößt.

Kaufe ich mir nun ein Elektroauto? Ich glaube, erst mal nicht. Wir fahren aktuell einen größeren Lexus-Hybridwagen mit ausreichend Beinfreiheit, mit dem wir super zurechtkommen. Ein Elektroauto macht wenig Sinn, solange wir keine Möglichkeit haben, das Auto vor oder am Haus aufzuladen. Wenn die nächste Reise ansteht, suche ich mich erst mal durch ein paar Plattformen, auf denen man größere Autos aus der Nachbarschaft leihen kann.

Meine Vision für die Zukunft: ein kleines Häuschen im Ruhigen und Grünen, an einem Ort, wo sich nicht alles an den Autofahrer*innen orientiert, wie hier in der Stadt. Sondern wo die Fußgänger*innen und Fahrradfahrer*innen Vorrang haben. Alle täglichen Erledigungen lassen sich prima zu Fuß oder mit dem Fahrrad machen. Für Fahrten und Besorgungen, die man nicht mit dem Fahrrad bestreiten kann, steht ein gebrauchter, witziger 80er-Jahre-Oldtimer mit flauschigen Sitzen, eingebauten Airbags und installiertem Elektromotor vor der Tür. Auf dem Dach befinden sich Solarpanels, mit denen das Auto emissionsfrei geladen wird. Für lange Roadtrips und Ausflüge wird ein Hybrid-Familienbus geliehen, den man sich mit der gesamten Nachbarschaft teilt.

Als Familie düsen wir damit in die Berge. Hinten sitzt unsere Schar Kinder. Auf der Hinfahrt fährt Sebastian, wir drehen das Radio laut auf und grölen alle mit. Auf der Rückfahrt fahre ich. Ich blicke in den Rückspiegel und sehe meine verdreckten, erschöpften und zufriedenen Kinder, die vor sich hindösen oder verträumt aus dem Fenster gucken. Ich blicke zu Sebastian, lächle ihn an, neige den Kopf zurück und sage wie mein Vater damals zu uns: »Mensch, Kinders, geht's uns gut.«

KAPITEL 5

Eine oder keine

Seit einigen Jahren schwirrt mir der Gedanke im Kopf herum eine eigene Kollektion zu entwerfen. Das liegt vielleicht auch daran, dass mein Blog fälschlicherweise immer wieder für ein eigenes Modelabel gehalten wird. Beschäftigt man sich so intensiv mit Fair Fashion, erscheint es nur logisch, auch selbst faire Kleidung herzustellen. Nicht, weil es mehr Textilien braucht, sondern weil die Art und Weise, wie Kleidung entworfen und hergestellt wird, nachhaltiger werden muss. Ich habe in den letzten Jahren so viel über Mode gelernt, dass ich glaube, ich könnte eine wirklich faire und nachhaltige Kollektion entwickeln, die eine positive Weiterentwicklung nachhaltiger Mode ist. Wenn ich genauer darüber nachdenke, geht mein Wunsch nach einem eigenen Label aber schon viel weiter zurück.

Meine Begeisterung für Mode entwickelte sich in Kindertagen. Meine Großmutter war Mode- und Porträtfotografin, und ich liebte es, in ihrem holzverkleideten Atelier unter dem Dach in ihren Sachen zu stöbern. Überall gab es Blöcke, Stifte, Bücher über Mode, über das Nähen und Stricken und riesige Mappen, die gefüllt waren mit ihren wunderschönen Modezeichnungen und -fotografien. Viele ihrer Bilder und Zeichnungen wurden regelmäßig in Magazinen veröffentlicht, die sie alle gesammelt hatte, und diese 60er-Jahre-Blätter waren für mich ulkig und faszinierend zugleich. Während meine Brüder im Garten Fußball spielten, saß ich stundenlang im Hochsommer in der drückenden Wärme unter den Dachschrägen und blätterte die Magazine und Bücher durch. So konnte ich in eine andere Zeit eintauchen.

Neben dem Atelier gab es ein geheimes kleines Zimmer, das für uns Kinder tabu war. Die Dunkelkammer. Allein das Wort klang geheimnisvoll. Hier entwickelte meine Großmutter ihre Fotografien, und nur manchmal durfte ich mit ihr zusammen in diese besondere Welt eintauchen. Als Kind stand ich oft vor ihrer Kamera, und ich liebte es, ihre volle Aufmerksamkeit und auch ein paar Komplimente zu bekommen. Selbiges galt übrigens für meine Mutter, die ihrerseits gerne bei jeder Gelegenheit ihre Kamera zückte und uns Kinder fotografierte.

Es gibt ein einziges Foto von mir als Kind, auf dem ich nicht in die Kamera meiner Mutter lächele. Als ich etwa acht Jahre alt war, sollte ich ein neues Kleid tragen, das sie mir gekauft hatte. Es war brav geschnitten, reichte bis zu den Waden, und oben hatte es einen Bubikragen und leichte Puffärmel. Ich weiß noch genau, wie das Muster aussah: weiß, mit rosafarbenen und roten Tulpen. Es war ein absoluter Mädchentraum – und ich fand es schrecklich. Das Kleid war teuer gewesen, und meine Mutter bestand darauf, dass ich es zur Familienfeier anzog. »Zur Strafe« nahm ich mir ganz fest vor, auf keinem der Fotos, die sie von uns machte, in die Kamera zu lächeln. Von all den Fotos, die meine Mutter in meiner Kindheit und Jugend geschossen hat, ist dieses eines meiner liebsten.

An diesem Tag erwachte eine kleine Rebellin in mir, mit ihrem ganz eigenen Stil.

Als ich in der vierten Klasse war, gab es diese eine Klassenkameradin, die sehr schön war und ausgefallene modische Kleidung und bunte Ohrringe trug. Sie hatte die wildesten Frisuren, die ihr ihre Mutter gebunden und geflochten hatte. Ich himmelte sie an und wollte so aussehen und sein wie sie. Ich trug meist einfarbige klassische Kindermode und hatte keine Ohrlöcher. Ich trug jeden Tag die gleiche Frisur – einen pflegeleichten Bob mit Pony. Als ich einmal mit meinen Brüdern bei meinen Großeltern *Prinz Eisenherz* gucken durfte, war mein erster Gedanke: »Der Mann sieht aus wie ich.« Wenn es nach meiner Mutter gegangen wäre, hätte ich noch mit 16 Matrosenkleider und weiße Segelschuhe getragen. Aber so mit neun oder zehn wollte ich mitreden, und fortan endete jeder Kleiderkauf mit meiner Mutter in einem Riesenkrach.

Meine Klassenkameradin hatte eine genauso hübsche und verrückt gekleidete jüngere Schwester. Ihre Mutter war hoch motiviert, aus den beiden Kinderstars zu machen. Meine Freundin spielte bereits mit neun Jahren eine große Rolle im *Tatort*, und regelmäßig wurden die beiden von ihrer Mutter zu Film-, Kindermoden- und Werbe-Castings gefahren. Ich fand das alles irre aufregend und wollte das unbedingt auch! Ich bettelte meine Eltern so lange an, bis sie nachgaben und ich von einer Fotografin, wie es damals noch hieß, in eine »Kartei« aufgenommen wurde.

Ich stand ab da immer mal wieder für Fotoshootings vor der Kamera. Die Filme waren nicht ganz so mein Ding. Ich nahm an Castings für *Das fliegende Klassenzimmer* und *Pünktchen und Anton* teil, war aber sehr schüchtern. Gesucht wurden aber freche Kinder, die im Casting nur so sprudelten vor Spielfreude und Witz. Mich schüchterte diese ungewohnte Situation ziemlich ein, und ich gab meine Vorstellung nur piepsend von mir. Aber bei den Modeshootings fühlte ich mich wohl, das kannte ich von meiner Mutter und Großmutter. Dort musste ich nicht sprechen, sondern konnte mich einfach bewegen und Gesichtskirmes machen. Ich schoss Fotos für Spielwarenkataloge, Kindermodenkataloge und ein *Focus*-Cover zum Thema Kindererziehung. Es gab damals immer ein paar Hundert Mark am Tag, und das Geld landete auf meinem Sparbuch und war für mich erst mal tabu. Als Jugendliche durfte ich mir dann etwas auszahlen und konnte mir hier und da mal etwas leisten, wofür ich sonst stundenlang babysitten musste.

Zurück zu meiner Großmutter. Sie hatte früher ihren Kindern, meiner Mutter und ihren beiden Geschwistern, Kleidung genäht und verfolgte stets die neusten Trends. Meine Mutter sagte mir mal, dass sie es irre doof fand, immer die selbst genähten Sachen tragen zu müssen. Als ich ungefähr 13 Jahre alt war, bekam ich Omis alte Nähmaschine zu Weihnachten geschenkt, die schon etwas länger nicht mehr im Einsatz gewesen war. Das sah man ihr an. Dazu gab es ein paar uralte Bücher (Handarbeiten, Nähen & Stricken) und ein paar Burda-Moden-Magazine.

Am Anfang erschien mir das Geschenk etwas oll, und mit dem 60er-Jahre-Frauenbild in diesen Magazinen und Büchern konnte ich mich so gar nicht identifizieren. Hausfrauen, die ihre Männer mit selbst genähten Krawatten glücklich machen sollten. Aber dann setzte ich mich auf meinen Hosenboden und brachte mir anhand der uralten Betriebsanleitung selbst das Nähen bei. Ich war damals 13 und hatte viel Zeit, da ich nicht mehr professionell vor der Kamera stand. Ich war nämlich inzwischen zu einer langen Bohnenstange mutiert. Ich war so schnell gewachsen, dass mir jede *Miss Sixty*-Jeans, die ich unbedingt haben *musste*, entweder an den Beinen zu kurz oder an den Hüften zu weit war. Ich wollte um jeden Preis zunehmen, Po und Brüste kriegen und kaufte mir von meinem Taschengeld Sprühsahne, die ich pur vertilgte. Ich aß jeden Tag Schokolade und nach dem Abendessen, kurz vor dem Schlafengehen, riesige Portionen Schinken-Sahne-Tortellini von Bofrost, aber es half alles nichts.

An einem Tag klopfte mir meine Schulleiterin bei einer Besprechung auf den Oberschenkel und sagte: »Marie, du weißt schon, dass Magersucht und Bulimie tödliche Krankheiten sind?« Zusätzlich entwickelte sich meine Wirbelsäule anders als bei anderen Menschen in meinem Alter. Sie wuchs nicht gerade, sondern in sich verdreht. Diagnose Skoliose. Alles war unsymmetrisch, und rechts kam die Schulter nach vorne und ein Schulterblatt stand deutlich hervor. Der Orthopäde benutzte im Zusammenhang mit meinem Rücken die Worte »Rippenbuckel« und »Lendenwulst«. Wie hätte ich mich da mit meiner schiefen Wirbelsäule abfinden können? Er verpasste mir ein schreckliches Plastikkorsett, das ich 23 Stunden am Tag tragen sollte. Ich weigerte mich, damit in die Schule zu gehen, und trug es nur zu Hause.

Meine Haare waren damals rebellisch kurz, und wenn ich lachte, sah man eine Menge Draht, der meine Zähne wieder in Reih und Glied bringen sollte. Ich hatte die großen Zähne meiner Mutter und den kleinen Kiefer meines Vaters geerbt, sagte der Kieferorthopäde. Die Zähne hätten einfach nicht genug Platz und schoben sich hasenmäßig vorne aus meinem

Gebiss heraus. Mir wurden dann auf einen Schlag vier Weisheitszähne und vier meiner normalen Backenzähne gezogen. Die Zahnspange sollte dann das, was von meinem Gebiss übrig blieb, gerade korrigieren.

Ich trug damals oft Schlaghosen, die mir zu kurz waren, alte Pullover, die mein Vater aussortiert hatte, und zum Vonder-Tafel-Ablesen trug ich eine giftgrüne D&G-Brille mit Glitzersteinen am Rand. Meine äußere Erscheinung war, sagen wir mal, gewöhnungsbedürftig. Ich kam bei den Jungs überhaupt nicht gut an.

Meine Klassenkameradinnen taten ihr Übriges, indem sie im Unterricht bescheuerte handgeschriebene Listen herumgehen ließen. Die pubertierenden Mädchen unserer Mädelsclique sollten darauf von sich selbst bewertet und gerankt werden. Wer von uns Grazien war die Schönste? Wer hatte die längsten Beine, den schönsten Po und die größten Brüste? Wer sollte wohl als Letzte ihre Tage bekommen und als Erste ihre Unschuld verlieren? Ich schnitt schlecht ab, mal abgesehen von meinen überdimensional langen und dünnen Beinen. Ich entschied mich damals, von dieser Gruppe Mädchen Abstand zu nehmen. Jahre später erfuhr ich, wie alle Frauen dieser Clique unter dem Druck, ständig von den anderen bewertet zu werden, gelitten hatten und teilweise noch heute das Gefühl mit sich herumtragen, nicht schön genug zu sein. Wir schlossen Frieden mit unseren Teenager-Ichs und sind heute gute Freundinnen, die sich gegenseitig unterstützen. Wenn wir in unsere alten Freundschaftsbücher gucken, können wir über diese schrecklichen Listen sogar lachen. Damals zog ich mich aber erst mal zurück und suchte mir neue Freund*innen in der Parallelklasse, die weniger fies zueinander waren.

Es tat mir gut, dieses Sichabkapseln. Ich war zwar etwas einsam in dieser Übergangsphase, aber entdeckte tolle Dinge in meinem kleinen Reich, meinem Zimmer, nur für mich. Ich zeichnete unendlich viele Modefigurinen mit den außergewöhnlichsten Ballkleidern. Manchmal spielte ich noch heimlich mit meinen Barbies. Ich begann zu nähen, ich experimentierte mit Frisuren und Make-up, und ich schoss Selfies mit meinem kleinen Analogfotoapparat, den ich zum siebten Geburtstag geschenkt bekommen hatte. Ich brachte den Film zum Entwickeln und freute mich still und heimlich beim Betrachten der Fotos über diese andere Person, die ich da mit Make-up, Frisur und einem außergewöhnlichen Gesichtsausdruck geschaffen hatte. Ich zeigte diese Fotos niemandem, und es gab kein Netzwerk, wo ich sie hätte teilen können. Wenn es damals schon YouTube und Instagram gegeben hätte, ich hätte so eine Plattform bestimmt für mich entdeckt.

Ich werkelte so vor mich hin, ohne Sinn und Zweck, einfach aus purer Freude an der Verwandlung. Und ich schaffte es, mir ein Selbstbewusstsein aus mir selbst heraus anzueignen. Auch wenn mein Aussehen nicht der Schönheitsnorm entsprach, ich fand mich schön. Ich hielt meine Klappe, wenn ich nichts Interessantes zu einem Gespräch beizutragen hatte. Ich verstand in meinem Zimmer nach vielem Grübeln aber auch, dass ich wohl häufiger meinen Mund aufmachen musste, um gehört und ernst genommen zu werden. Aus diesen Verwandlungssessions ging ich also mit einem gestärkten Selbstbewusstsein und ein bisschen auch mit einem neuen Ich hervor.

Jahre später öffnete mir eine Cindy-Sherman-Ausstellung in der Pinakothek der Moderne in München, in die mich meine Mutter mitnahm, die Augen. Da war diese weltberühmte amerikanische Künstlerin, die nichts anderes tat, als sich mit Maske, Perücken und Kostümen zu verwandeln, sich in absurde Posen zu werfen und mit erstaunlichen Gesichtsausdrücken zu fotografieren. Eine Person, die die Verwandlung liebte und in unterschiedliche Rollen schlüpfte. Ich fühlte mich ihr seelenverwandt. Und ich schämte mich nicht mehr für meine heimlichen Selbstauslöseraktionen. Eigentlich tat ich schon damals das, womit ich heute mein Geld verdiene. In Rollen schlüpfen, mich zurechtmachen, gefilmt und fotografiert werden.

Ich schwankte damals zwischen dem Wunsch, vor der Kamera zu stehen, und dem, die Kostüme dahinter zu entwerfen. Die Nähmaschine war allerdings mehr mein Feind als Freund. Ich fand es mühselig. Ständig klappte irgendetwas nicht. Ich war ungeduldig und wollte schnelle Resultate, was unter anderem daran lag, dass mir mein Rücken in der gebückten Haltung vor der Nähmaschine ziemliche Probleme bereitete. Ich nähte kamikazemäßig ohne Plan um, statt etwas fein und ordentlich nach Schnittmuster neu zu nähen. Ich zog die Kleidung, die meine Eltern für die Altkleidersammlung in einem Müllsack sammelten, hervor und probierte aus, was man aus einem alten Kleid meiner Mutter noch so fabrizieren konnte. Heute nennt man das »Upcycling«, wenn man aus einem oder mehreren alten Kleidungsstücken ein neues näht.

Der Höhepunkt meiner Nähkarriere war mein Abiballkleid. Das nähte ich allerdings im Rahmen meiner Kunst-Facharbeit und ehrlicherweise mit sehr viel Hilfe von einer Schneiderin.

Ich blieb ansonsten doch lieber bei meiner Fantasie, bei meinen Zeichnungen. Ich entwarf das Logo für meine eigene Kollektion und träumte von einem Leben als Modedesignerin mit vielen Angestellten, die Mode nach meinem Gusto nähten. Meine Eltern rieten mir von dem Beruf ab. »Davon kann man nicht leben. So viele wollen Modedesigner werden, und so wenige sind erfolgreich.« Ich besuchte den Tag der offenen Tür an der Münchner Akademie für Mode und Design und der Meisterschule für Mode. Schnell wurde mir klar, dass es als Modedesignerin nicht reichte, schöne Entwürfe zu zeichnen, man musste auch selbst Hand anlegen und nähen und nähen und nähen. Mein schiefer Rücken und die Nähmaschine standen auf Kriegsfuß miteinander, und so langsam verabschiedete ich mich von der Idee eines Modestudiums.

Zum ersten Mal durfte ich 2015 diese Seite meiner Kreativität wieder im Rahmen einer Designkooperation mit dem dänischen Handtaschenlabel ADAX ausleben. Ich hatte erstaunlich starke Gestaltungsfreiheit und großen Spaß an der Arbeit. Ich hatte gerade erst begonnen, mich mit Nachhaltigkeit zu beschäftigen, und fragte nach, unter welchen Bedingungen die Taschen produziert werden. Familienunternehmen, alles in Dänemark. Heute würde ich genauer recherchieren, und die Informationen wären mir zu dünn. Damals wurde mir auf Nachfrage zugesichert, dass das Leder ein Abfallprodukt der Fleischproduktion sei. Es ist schließlich nachhaltiger, das Leder, das sowieso übrig bleibt, zu verarbeiten, als es wegzuschmeißen. Diese Meinung vertrete ich mit einigen Einschränkungen noch heute. Auch wenn es viele, vor allem Veganer*innen gibt, die es ablehnen, tierische Produkte zu tragen. Das verstehe ich gut, aber eine vegane Alternative ist nicht immer auch nachhaltiger, denn meist sind Kunstleder aus erdölbasierten Kunststoffen, die aufwendig mit anderen Materialien verbunden und auf Gewebe aufgebracht werden, sodass sie schlecht recycelt werden können. Und während Kunstleder mit der Zeit kaputtgeht und abblättert, wird Leder durch die entstehende Patina schöner und erzählt die Geschichte des Tragens.

Mir ist aber auch klar, dass die Häute, aus denen Leder gegerbt wird, dazu beitragen, dass Tierhaltung ökonomisch lohnenswert ist. Entsprechend gefällt mir auch der Begriff »Abfallprodukt« nicht, weil dieses Produkt natürlich nicht verschenkt, sondern verkauft wird, und andererseits suggeriert er, es wäre okay, das Leder wegzuwerfen. Wie immer beim Thema Nachhaltigkeit bleibt also auch beim Leder nur, einen Kompromiss zwischen weniger Tierhaltung und langlebigeren Materialien zu finden, bis es natürlichere Ersatzprodukte gibt, die Eigenschaften wie Leder besitzen.

Was mir damals noch nicht klar war, ist, wie entscheidend das Gerben ist, also der Vorgang, wie aus Tierhaut Leder wird. Hier werden meistens Mineralsalze wie zum Beispiel Chrom eingesetzt. Die umweltschädlichen Gerbstoffe landen dann oft in Flüssen und im Erdreich und richten dort Schäden an. Handtaschenunternehmen, die vegetabil, also pflanzlich, zum Beispiel mit Rhabarber gerben, sind leider noch die Ausnahme. Auch meine Kollektion damals wurde nicht pflanzlich gegerbt.

Damals wollte ich ein Design entwerfen, das für die Ewigkeit ist und nicht nach zwei Saisons ausgedient hat. Ich trage die Taschen bis heute gerne und hoffe, dass es anderen auch so geht. Sehr viel Mode, vor allem die von Fast-Fashion-Konzernen, ist darauf ausgelegt, nur kurzzeitig zu gefallen und dann gegen ein neues, moderneres Teil ausgetauscht zu werden.

Livia Firth, Gründerin von Eco Age, das große Unternehmen dazu berät, wie sie nachhaltiger agieren können, hat den Hashtag #30wears ins Leben gerufen. Sie macht darauf aufmerksam, dass ein Großteil der Kleidung, den wir hier im globalen Norden tragen, seltener als dreißigmal zum Einsatz kommt. Laut einer Greenpeace-Studie wurde 2015 in Deutschland ein Party-Top durchschnittlich nur 1,7 Mal getragen, bevor es aussortiert wurde. Die #30wearschallenge fordert Konsument*innen dazu auf, sich vor dem Kauf zu fragen: Werde ich dieses Kleidungsstück mindestens dreißigmal tragen? Denn ein Kleidungsstück kann zwar fair produziert sein und aus innovativen, nachhaltigen Materialien bestehen, aber wenn es selten bis nie getragen wird, wurden Ressourcen, Energie und Wasser umsonst verbraucht.

Den Gedanken, dass man mit der Abgabe des Kleidungsstücks bei einem Altkleidercontainer bedürftigen Menschen hilft, kann man sich leider aus dem Kopf schlagen. Denn meist wird die Kleidung in den globalen Süden verschifft und dort zu billigen Preisen an Einheimische verkauft. Die kleinen lokalen Textilproduktionen vor Ort können seitdem einpacken, weil sie mit den Billigpreisen unserer ausrangierten Mode nicht mithalten können.

Nachdem sich einige Jahre später *Fairknallt* als Blog etabliert hatte und ich feststellte, was es in der nachhaltigen Branche schon gab und was noch dringend fehlte, wollte ich natürlich am liebsten meine eigenen Produkte entwerfen. Zeitlose Stücke, die dennoch stylischer und ausgefallener waren als das, was es sonst auf dem Markt gab. Faire Basics wie schlichte T-Shirts und Strickpullis gab es wie Sand am Meer. Aber bei eleganten Kleidern oder Blazern wurde es schon schwieriger. Ich hatte und habe immer noch Probleme, extravagante nachhaltig produzierte Outfits für den roten Teppich zu finden. Deshalb greife ich hier zum Beispiel oft auf Berliner Designer*innen zurück, die zwar keine nachhaltigen Materialien verwenden, aber immerhin alles im Atelier vor Ort produzieren lassen.

Das Problem war: Ich traute mir den ganzen Rattenschwanz, der an der Produktion eines Kleidungsstücks hing, nicht alleine zu. Eine Lieferkette aufzubauen, ist eine Mammutaufgabe. Denn es geht nicht nur darum, wer einem wo etwas näht, sondern wenn man eine wirklich nachhaltige Marke führen möchte, geht es beim Anbau des Rohstoffes (wie zum Beispiel Baumwolle) los und endet damit, dass man für eine nachhaltige Verpackung sorgt. Dazwischen liegt eine Menge kleiner Produktionsschritte, die oft in unterschiedlichen Produktionsstätten umgesetzt werden müssen.

Durch die Arbeit an meinem Blog konnte ich viele junge kleine Labels beobachten. Viele, die hoffnungsvoll und euphorisch starteten, mit Crowdfunding-Kampagnen und Investor*innen Geld einsammelten oder all ihre Ersparnisse in die erste eigene Kollektion steckten. Recht viele schmissen aber nach ein bis zwei Jahren wieder hin. Ich wusste, wie hart der Markt ist und wie verlockend die billigen Fast-Fashion-Preise.

Im Herbst 2019 lag ich, geplagt von einer monatelangen Schwangerschaftsübelkeit, im Bett. Besser gesagt, ich wankte zwischen Bett und Kloschüssel hin und her. Ich fuhr meine Arbeit auf ein Mindestmaß herunter und musste einige Jobs absagen. Aber jedes Mal, wenn es mir besser ging und ich mein Arbeitspensum wieder hochfuhr, überrollte mich mein Körper mit der nächsten Übelkeitswelle.

Ich hatte schon immer, und seit *Fairknallt* ganz besonders, einen ausgeprägten Tatendrang, und so fiel mir das Nichtstun äußerst schwer. Normalerweise ging ich von einem Social-Media-Auftrag zur Drehvorbereitung über, und sobald ein Werbeshooting im Kasten war, schrieb ich am nächsten Artikel für den Blog. Selten gab es richtige Auszeiten. Selbst im Urlaub hatte ich ständig das Handy in der Hand, musste Mails beantworten, Posts und Storys hochladen und neue Blogposts veröffentlichen. Der Algorithmus von Instagram setzte mich unter Druck, ständig digital präsent zu sein. Auch wenn die Entspannung in den letzten zehn Jahren zu kurz gekommen ist, bin ich sehr dankbar dafür, dass ich mir nie finanzielle Sorgen machen musste und so einen abwechslungsreichen Beruf ausüben durfte.

So schwierig diese Zeit der frühen Schwangerschaft für mich auch war, so hatte ich immerhin einmal ausgiebig Zeit, mir Gedanken über meine Zukunft zu machen. Und auf einmal hatte ich neue, andere Ideen. Endlich hatte ich eine konkrete Idee für dieses Buch, das ich schon lange schreiben wollte. Ich schrieb das Konzept für einen Podcast, und ich fasste den Entschluss, eine eigene Modekollektion zu designen. Ich hatte diese Pause dringend gebraucht, um mir einen Plan zu machen, der weiter in die Zukunft reichte als ein paar Wochen. Als hätte mein Körper gewusst, dass er mir mit der Übelkeit eigentlich einen Gefallen tat.

Ich hatte mir überlegt, mich, statt die Lieferkette selbst aufzubauen, mit verschiedenen Fair Fashion Brands zusammenzuschließen und deren Produktionswege und Expertise in bestimmten Bereichen zu nutzen, um meine eigenen Ideen umzusetzen. So könnte ich auf lange Sicht ein breites Sortiment designen, an dem jeweils die absoluten Profis in diesem Bereich arbeiteten. Ein paar Monate nach der Geburt meines

Sohnes wurde die Idee konkreter, und ich begann, mich mit verschiedenen Fair Fashion Brands zu unterhalten.

Die Idee für das Design der Kollektion kam mir auch bereits in der Schwangerschaft. Während der neun Monate, in denen mein Sohn in mir heranwuchs, hatte sich mein Körper stetig verändert. Schon sehr früh, nach den ersten fünf Wochen, weitete sich meine Taille, und einige meiner Hosen gingen nicht mehr zu oder wurden einfach extrem unbequem für mich. Ich wollte für diese kurze Zeit nicht viel Neues kaufen, und so taten es zwei Schwangerschaftshosen. Schöne Schwangerschaftsmode fair und nachhaltig produziert zu finden, ist allerdings wirklich schwierig bis unmöglich. Bei dem Kleiderverleihservice RE-NT lieh ich mir ein paar ausgefallene Kleider und einen weiten Mantel, den ich über meinem großen Bauch schließen konnte. Für Blogshootings lieh ich mir wie sonst auch Kleidung bei Marken aus, nur dieses Mal alles in zwei bis drei Nummern größer.

Aber auch nach der Schwangerschaft passte ich keineswegs schnell in all meine Kleidung hinein. Das war ein langsamer Prozess, und ich machte mir keinen Stress mit dem Abnehmen.

Ich ärgerte mich aber über meine engen Hosen und Röcke, die nur für genau diese eine exakte Größe geschnitten waren. Man musste bloß ein Kilo zu- oder abnehmen, dann konnte man die Kleidung schon nicht mehr tragen. Mein Gewicht verändert sich aber ständig, nicht nur in der Schwangerschaft und danach. Es gibt einfach Phasen, in denen ich mehr Lust auf Süßkram habe als in anderen. Phasen, in denen ich es mal mehr oder weniger zum Sport schaffe.

War es wirklich die Aufgabe von Kleidungsstücken, uns mit erhobenem Zeigefinger zu ermahnen: »Ah, ah, bei so viel Eiscreme, wie du zuletzt vertilgt hast, kannst du es echt vergessen, diesen Knopf zuzubekommen!« Alleine der Unterschied zwischen Sommer und Winter verändert meine Figur. Logisch, wenn man überlegt, wie anders der Lebensstil dann jeweils ist und was für andere Sachen man isst (wenn man sich saisonal ernährt). Ich fand es niemals schlimm, dass sich meine Figur veränderte, meine Kleidung allerdings schon.

Ich könnte natürlich einfach jedes Mal, wenn ich gerade nicht in meine Hosen und Miniröcke passe, Jogginghosen anziehen. Aber das entsprach weder meinem Stil, noch fühlte ich mich sonderlich wohl darin, vor allem, wenn ich das Haus verließ. Aber diese Hosen, die einem den Bauch einschnüren, diese Röcke, mit deren Reißverschluss man sich die Haut einzwickt, weil sie so eng sind – das war keine Lösung für mich, und ich konnte ja nicht alles in zwei Größen besitzen.

So entwickelte ich die Idee für eine variable kleine Kollektion.

Eine der wichtigsten Lektionen im Designprozess war, dass man immer Kompromisse eingehen muss, ganz besonders, wenn es nachhaltig werden soll.

Die Materialfindung gestaltete sich schwierig. Ich wollte gerne mit einem recycelten Polyester arbeiten. Mein Favorit glänzte und fühlte sich auf der Haut wie Seide an. Es war ein fantastisches Material für Menschen wie mich, die häufig aus dem Koffer lebten. Es strich sich beim Tragen mehr oder weniger von selbst glatt. Man musste es nie bügeln, was mir mein Rücken dankte und eine Menge Zeit einsparte. Das Material war nicht sehr fleckenempfindlich, und ich schwitzte darin nicht.

Eigentlich hatte ich die Entscheidung schon getroffen, da stellte mir Dr. No die Frage: »Bist du dir wirklich sicher mit dem Material? Wir brauchen nicht mehr recycelte Kunstfasern, sondern grundsätzlich weniger Kunstfasern in Textilien. Hier nutzen viele, gerade konventionelle Firmen in der Branche billiges Material, unabhängig davon, ob es sinnvoll eingesetzt ist, um sich mit dem Wort Recycling nachhaltiger zu geben, als sie sind.«

Ich wusste um die Problematik von Mikroplastik. In sehr viel Kleidung, die wir täglich tragen, sind Kunstfasern verarbeitet. Polyester, Polyacryl, Polyamid und viele mehr findet man in »normalen« Kleidungsstücken, ohne dass sie einen Mehrwert für die Funktion haben. Sie sind einfach günstiger. Kleinste Mikrofaserpartikel können nicht vollständig aus dem Abwasser gefiltert werden und gelangen deshalb über unsere Waschmaschinen in Flüsse und Meere. Dort richten sie enorme Schäden an. Fische und Meerestiere können Mikroplastik nicht von Nahrung unterscheiden und nehmen die Partikel auf. Es dauert viele Jahre, bis sie sie wieder abbauen können, wobei nach neusten Forschungen auch Klimagase ausgestoßen werden und sich beispielsweise hormonell wirksame Stoffe lösen können. So landet unser Plastikmüll über Umwege auch auf unserem Teller oder im Wasserglas und schadet uns ganz direkt. Recycelte Kunstfasern sind also nur eine Bekämpfung der Symptome und nicht des eigentlichen Problems, dass wir einfach zu viel Kunststoffe nutzen.

Sowohl die Bundesregierung als auch die Waschmaschinenhersteller*innen sollten dringend die Entwicklung eines wirklich effizienten Mikroplastikfilters vorantreiben, denn Studien, wie schlecht die Auswirkungen von Mikroplastik für die Umwelt sind, gibt es bereits. Die Auswirkungen auf den menschlichen Körper sind noch nicht endgültig belegt. Das liegt aber vor allem daran, dass das Problem so vielschichtig und komplex ist, dass wir wohl noch nicht einmal den Anfang der langfristigen negativen Auswirkungen auf unsere Gesundheit erfasst haben. Die Umweltpolitik hat hier einfach versagt. Statt des sogenannten Vorsorgeprinzips (besagt, dass bei gewissen Auswirkungen und potenziellen Umweltschäden diese vorbeugend zu verhindern sind) bleibt uns beim Mikroplastik nur noch die Nachsorge, indem wir verhindern, dass noch mehr Kunststoffe in die Umwelt gelangen.

Aktuell gibt es nur eine Möglichkeit, das Mikroplastik selbst zu filtern, und zwar mit dem Waschbeutel von *Guppyfriend*. Man packt alle Kleidung aus Kunstfaser in den Beutel und wäscht diese mit der normalen Wäsche mit. Nach der Wäsche kann man die kleinen Plastikfussel einfach in den Hausmüll schmeißen. Die Bundesregierung sollte jedem Haushalt einen solchen Beutel zur Verfügung stellen, wenn sich schon an den Waschmaschinen nichts ändert.

Recycelter Polyester war also keine gute Idee für meine eigene Kollektion. Es gibt aber natürliche Alternativen zu einem »Plastikstoff«. Cupro zum Beispiel. Ein seidenartiger, matter Stoff aus einer Cellulosefaser. Die Produktion ist aber mit nicht ganz unproblematischen Chemikalien verbunden. Auch wenn der Prozess mittlerweile deutlich umweltfreundlicher gestaltet werden kann, ist es eine Herausforderung, dies auch sicherzustellen.

Die österreichische Lenzing AG stellt aus dem Rohstoff Holz Fasern her. Da gibt es zum Beispiel TENCEL™- oder die LENZING™ ECOVERO™-Fasern, die aus einer zertifizierten Forstwirtschaft gewonnen wurden und umweltschonend hergestellt werden. Im Vergleich zu einer normalen Viskoseproduktion werden bis zu 50 % weniger Emissionen und Wasser verbraucht. Eine super Sache, und ich besitze einige Kleidungsstücke aus TENCEL™ und LENZING™ ECOVERO™. Hier gab es dann ganz praktische Probleme, welche Produktionsstätten welcher Marke mit diesen Stoffen arbeiten und ob meine Muster darauf gedruckt werden können.

Eine Mischung aus einer Lenzing-Faser und zum Beispiel einem Polyester wäre eine Möglichkeit gewesen. Aber mit den Mischfasern ist es so eine Sache ... Sobald es darum geht, was mit der Kleidung passiert, wenn sie nicht mehr getragen wird, ist es ganz entscheidend, ob das Kleidungsstück aus einer Mischfaser oder einem Monomaterial besteht. Sobald mehrere Materialien miteinander gemischt werden, wie zum Beispiel Polyester und Baumwolle, wird es kompliziert, das Kleidungsstück richtig zu recyceln, sprich, aus einem alten Kleidungsstück ein neues zu machen.

Ich suchte weiter und weiter und musste leider feststellen: Es gibt nicht das eine perfekte nachhaltige Material, das noch dazu die perfekten Trageeigenschaften hat. Fast jeder Stoff hat Vor- und Nachteile.

Parallel erkundigte ich mich nach den Arbeitsbedingungen der möglichen Produzent*innen. Auch Fair-Fashion-Marken taten sich schwer damit, Arbeitsbedingungen transparent einzufordern und darzustellen. Ich wurde immer wieder mit Standardfloskeln beruhigt. »Made in Europe«, »Mindestlohn in dem Land«, »keine Kinderarbeit«. Mindestlöhne sind der Branchenstandard. Aber ich fragte mich, ob nicht jede Fair-Fashion-Marke den Anspruch haben sollte, einen existenzsichernden Lohn zu zahlen? Obwohl das Design (bis auf die Stoffwahl) fertig war, kippte ich an diesem Punkt die ganze Unternehmung, als mir klar wurde, dass ich das mit den Part-

KLEINE SCHRITTE – KLEINE WIRKUNG

Immer wieder liest man in der Presse zu Klimaschutz und Nachhaltigkeit die Worte: »Kleine Schritte – große Wirkung«. Das gilt definitiv für uns als Menschheit allgemein. Wenn jede*r Einzelne etwas in seinem*ihrem Leben verändert und umstellt, hat das eine große Wirkung. Vor allem, wenn viele Menschen auf der Welt den gleichen kleinen Schritt gehen. Für uns als Individuen haben kleine Schritte aber auch nur eine kleine Wirkung. Wir sollten uns nichts vormachen: Die kleinen ökologischen Alltagstipps bringen, im Gegensatz zu großen Fragen und Entscheidungen wie »Auf wie viel Raum lebe ich?«, »Wohin reise ich?«, »Wie bewege ich mich fort?« und »Wie ernähre ich mich?«, nur sehr wenig. Trotzdem soll an dieser Stelle auch Raum für die kleinen Schritte sein. Denn eine kleine Wirkung ist besser als gar keine. Und oft findet man von den kleinen Schritten im Alltag leichter zu den großen Schritten und Entscheidungen im Leben. Hier also ein kleiner Rundumschlag an kleinen Nachhaltigkeitshacks, die ohne Kompromisse in jedem Leben gut umsetzbar sind.

1.

Auch wenn inzwischen viele Deos ohne krebserregendes Aluminium auskommen, nehmen wir durch die Verpackung von Lebensmitteln Aluminium auf. Auch zum Grillen, für Gerichte aus dem Ofen und zum Abdecken von Lebensmitteln wird oft Alufolie verwendet. Zur Herstellung von Aluminium werden nicht nur Regenwälder abgeholzt, sondern es entstehen auch Kohlendioxide und extrem giftige Gase. Aber es gibt inzwischen viele Alternativen, wie kompostierbares, umweltfreundliches Haushaltspapier, das bis 220 Grad hitzebeständig ist. Auch auf die Plastik-Klarsichtfolie kann verzichtet werden, indem man zum Beispiel wiederverwendbares Bienenwachspapier nutzt. Dieses eignet sich auch, um ein belegtes Brötchen beim Bäcker zu kaufen und die Papiertüte einzusparen. Und dann gibt es natürlich noch die gute alte Tupperware, in der man Sushi to go abholen kann und so eine Menge Plastik einspart.

2.

Manche Kleidungsstücke sind für die Ewigkeit gemacht und können bei guter Pflege über Generationen weitervererbt werden. Sie haben einen ganz besonderen emotionalen Stellenwert in unserer Garderobe. Ob meine Kinder mal diese Mütze tragen werden? Ich weiß es nicht. Ich freue mich auf jeden Fall darüber, dass sie mir immer noch passt und gefällt.

3.

Ich liebe meinen Verlobungsring, der aus einem antiken Schmuckgeschäft stammt. Es ist bereits so viel Schmuck auf der Welt vorhanden und es gibt so viel Ausbeutung in der Gold- und Diamantenbranche, dass ich nur dazu raten kann, entweder auf Secondhandstücke zu setzen oder nach Designer*innen Ausschau zu halten, die mit recycelten Materialien arbeiten. Außerdem kann man zum Beispiel altbackene Familienerbstücke nehmen und sich aus den Materialien einen modernen Ring machen lassen.

4.

Demonstrieren bringt mehr, als man denkt. Deshalb raus auf die Straße und für das einstehen, was sich politisch verändern und gesellschaftlich geregelt werden sollte! Es macht meistens auch noch Spaß und gibt dir ein Gefühl von Stärke und Autonomie. Du kannst diese Welt mitgestalten!

Hier bin ich links bei der Fashion-Revolution-Demo, gegen Missstände in der Modebranche. Rechts seht ihr mich beim Weltfrauentag/Feministischen Kampftag am 8. März, der auch mein Geburtstag ist.

5.

Die wohl einfachste und effektivste Methode, um nachhaltiger zu leben: mehr pflanzliche und weniger tierische Produkte in den Alltag integrieren. Wo es mir besonders leichtfällt: statt Kuhmilch im Kaffee Barista Haferdrinks verwenden, statt Sahne beim Kochen vegane Alternativen verwenden, statt Fleisch und Wurst vegetarische Ersatzprodukte verwenden.

Sebastian kocht die weltbeste **vegetarische Bolognese**. Hier sein Rezept:

für 4 Personen
600 g Spaghettoni
1 Bund Basilikum
½ Knoblauchzehe
2 Möhren
100 ml Rotwein
50 g Tomatenmark
500 g Veggi-Hack (wir nehmen gerne das von Viana, es gibt aber auch andere)
1 Dose stückige Tomaten
2 EL Ketchup
50 g Butter
Salz, Pfeffer, eine Prise Zucker
Parmesan

Zubereitung:

1. Knoblauch und Möhren klein geschnitten in Olivenöl und etwas Butter auf niedrigster Stufe in der Pfanne dünsten.
2. Tomatenmark dazugeben, rösten und mit etwas Zucker karamellisieren.
3. Nach zehn Minuten mit dem Rotwein ablöschen.
4. Auf niedrigster Stufe ziehen lassen.
5. Veggie-Hack dazugeben und kurz auf mittlerer Stufe anbraten, danach wieder auf niedrigster Stufe weitergaren und regelmäßig umrühren.
6. 2 TL Salz dazugeben.
7. Stückige Tomaten dazugeben.
8. Die Dose der Tomaten mit etwas Wasser füllen, schwenken und dann das Wasser in die Pfanne geben.
9. Etwas Ketchup dazugeben.
10. 20-30 Minuten auf niedrigster Stufe ziehen lassen, ab und zu ordentlich umrühren.
11. Nudeln separat al dente kochen.
12. Nudeln abgießen und dann die Soße zu den Nudeln in den Topf, umrühren, fertig.
13. Auf vorgewärmte Teller geben. Mit Pfeffer, Basilikum und Parmesan servieren.
14. Buon appetito!

6.

Faschings- oder Karnevalskostüme werden oft aus billigem Material und unter schlechten Bedingungen in Asien produziert. Noch dazu werden sie meist nur ein einziges Mal getragen und dann weggeworfen. Statt sich online ein Kostüm zu bestellen, kann man einfach mal einen genaueren Blick in den eigenen Kleiderschrank oder den von Verwandten und Freund*innen werfen. Mit ein bisschen Kreativität und einer Perücke wurde aus mir im Nu Madonna. Und Sebastian hat mit ein wenig farbigem Haarspray und ein paar Accessoires aus meinem Kleiderschrank, wie dem Gürtel und der Kette als Armreif, einen super Freddie Mercury abgegeben.

7.

Man muss nicht immer weit fliegen, um einen spannenden oder erholsamen Urlaub zu erleben. Wie wäre es mit einem Surfurlaub in St. Peter-Ording an der Nordsee oder Wandern durch die wunderschöne Landschaft der Sächsischen Schweiz?

Ganz besonders entspannen konnte ich mich auf der Hallig Langeneß. Dort sieht man grüne Wiesen und Meer, so weit das Auge reicht, und dazu diese herrlich menschenleere Stille. Außerdem gibt es immer mehr zertifizierte Bio-Hotels, in denen das Entspannen doppelt so viel Spaß macht.

8.

Jedes Jahr am 24. April, wenn sich der Einsturz der Textilfabrik Rana Plaza jährt, tragen Menschen auf der ganzen Welt ihre Klamotten auf links gedreht, posten Fotos damit und fragen die Marken: »*Who made my clothes?*« Durch Netzaktionen wie diese lässt sich der Druck auf Unternehmen steigern, endlich transparenter zu werden.

9.

Wenn man jemandem beschenken möchte, ist es am besten nach konkreten Wünschen zu fragen. So vermeidet man Geschenke, die schnell weggeworfen werden. Oft ist es auch sinnvoll eine Liste zu führen (etwa auf dem Handy), in die man das Jahr über gute Geschenk-Ideen eintragen kann. Die hat man sonst oft längst vergessen, wenn der Geburtstag dann wirklich ansteht. Ein schönes Geschenk ist eine super Möglichkeit andere für nachhaltige Produkte zu begeistern. Statt zum Beispiel einen konventionell produzierten Schal zu verschenken, kann man einen Fair-Fashion-Schal aus einem tollen Material wählen. Oder wie wäre es mit einem eleganten Zero-Waste-Rasierer aus Holz oder einem Notizbuch aus Apfelpapier?
Was die Verpackung angeht, so kann man altem Papier (zum Beispiel Packpapier oder Zeitungen) mit ein wenig Wasserfarbe einen neuen Anstrich geben, statt knallbuntes Plastikgeschenk-papier zu kaufen. Ich nutze den Trick, den schon unsere Groß-mütter kannten, und hebe Geschenkpapier, das ich bekomme, auf und verwende es wieder.

10.

Am besten denkt man immer an seine eigene Trinkflasche und seinen Mehrweg-to-go-Becher, wenn man unterwegs ist. Aber was, wenn man beides vergessen hat? Dann kann man zum Beispiel im Netz nachgucken, welches Café in der Nähe RECUP anbietet. Man zahlt für den Becher Pfand und kann ihn bei irgendeinem Café oder Bäcker, der ebenfalls RECUP führt, wieder zurückgeben. Und vor Ort bekommt man sicher auch ein Glas Leitungswasser zum Kaffee dazu.

11.

Schon mal von Plogging gehört? Das Wort ist ein Mix aus dem schwedischen Wort »*plocka*« (aufheben/pflücken) und dem Wort Jogging. Inzwischen wird auf der ganzen Welt geploggt und so eine Menge Müll aus Straßen, Parks und Wäldern aufgesammelt. Auch ein Spaziergang am Meer bietet sich an, um den Strand von Plastik zu befreien.

12.

Seinen Kleiderschrank zu sortieren und auf das zu beschränken, was man wirklich liebt und trägt, ist ein guter Start für eine faire und nachhaltige Garderobe. Aber wohin mit den aussortierten Sachen? Wie wäre es mit einer Kleidertauschparty? Es gibt bestimmt Freunde, die sich über deine Kleidung freuen würden. Wenn niemand deine Kleidung haben möchte, findest du auf der Website fairwertung.de viele Infos dazu, was mit aussortierter Kleidung passiert, und Standorte von Containern, die wirklich Gutes tun. Darüber hinaus kann man auch einmal bei Sammelstellen für Bedürftige und Geflüchtete anrufen und nachfragen, ob sie etwas benötigen.

13.

Ich habe im Anhang des Buches eine kleine Sammlung mit Inspiration für Bücher, Filme, Blogs, Instagramaccounts usw. zum Thema Nachhaltigkeit und Umweltschutz zusammengestellt. Manchmal braucht es aber auch einen Perspektivwechsel, um sich aus seiner eigenen kleinen Blase herauszubewegen und zu verstehen, wie unser tägliches Handeln andere Menschen auf der Welt positiv oder negativ beeinflusst.

- https://workerdiaries.org/
  Ein Podcast über das Leben von Bekleidungsarbeiter*innen in Bangladesch.
- »ThuleTuvalu« (2014)
  Eine Dokumentation über die Folgen der Erderwärmung auf der Inselgruppe Tuvalu.
- »Eine andere Welt ist möglich: Aufforderung zum zivilen Ungehorsam«, München 2019.
  Ein Buch von Vandana Shiva, indische Wissenschaftlerin, Aktivistin und Globalisierungskritikerin.
- Alice Hasters, »Was weiße Menschen nicht über Rassismus hören wollen, aber wissen sollten«, Berlin 2019.

14.

Kleine Umstellungen, die doch eine große Wirkung haben: zum Beispiel den Stromanbieter wechseln und Ökostrom zu beziehen. So tut man jeden Monat etwas Gutes, ohne aktiv etwas machen zu müssen. Oder: zu einer nachhaltigen Bank wechseln. Es ist nämlich sehr unterschiedlich, was Banken mit deinem Geld machen. Angelegt wird es immer. Entscheidend ist, ob in Waffen, Öl und Glücksspiel oder in erneuerbare Energien und grüne Unternehmen. Bei grünen Banken darf man in der Regel selbst eine Auswahl treffen, was man fördern möchte. Eine schöne Mitbestimmung bei einem wichtigen Thema! Statt in börsengehandelte Fonds zu investieren, die gerade oft grüner angeboten werden, als sie sind, lieber Crowdinvesting betreiben und nachhaltige Firmen unterstützen.

ner*innen, mit denen ich gesprochen hatte, nicht garantieren konnte. Ich wollte unbedingt existenzsichernde Löhne zahlen. Auch wenn mir dadurch ein kleinerer Gewinn blieb. Wenn ich das nicht hinbekam, wollte ich es ganz lassen.

Und da stehe ich nun wieder und überlege, ob es nicht doch sinnvoller ist, eine eigene Lieferkette aufzubauen und alles selbst in die Hand zu nehmen. Aber wer weiß, vielleicht stoße ich auch noch auf geeignete Partner*innen, die meine Ansprüche umsetzen können. Ob es in diesem Leben noch klappen wird mit der eigenen Kollektion? Wir werden sehen. Ich habe auf jeden Fall gelernt, an welcher Stelle ich *keine* Kompromisse eingehen möchte: wenn es um die Menschen geht, die unsere Kleidung herstellen. Auch wenn das eine Reise ist, die länger dauert als gedacht und komplizierter ist als erhofft. Denn je schneller man in der Modewelt handelt, desto eher passieren Fehler.

So desillusionierend diese Reise (sicher auch beim Lesen) war, möchte ich dennoch dazu aufrufen, Kleidung bei Fair Fashion Brands zu kaufen. Auch wenn deren Standards oft noch immer keine Traumstandards sind, so machen sie doch vieles besser als die großen und kleinen Marken, die man online und in den Innenstädten Deutschlands findet. Und nur, wenn wir faire Marken mit unseren Käufen unterstützen und diese wachsen, wird es vielleicht irgendwann möglich sein, dass der Beruf des*der Schneiders*in wieder angesehen ist und ein Beruf, mit dem man eine Familie ernähren kann. Wie anspruchsvoll dieses Handwerk ist, habe ich an der Nähmaschine meiner Großmutter erfahren. Jede*r sollte sich einmal an so eine Maschine setzen und nachvollziehen, wie viel detailgenaue Arbeit ein einzelnes Kleidungsstück bedeutet. Dann können wir vielleicht den Herstellungsprozess und somit die Kleidung, die wir am Körper tragen, mehr wertschätzen und die Arbeit dahinter nicht als stumpfe Fließbandarbeit, sondern als Kunsthandwerk würdigen. Denn ein schönes, perfekt sitzendes Kleidungsstück zu entwerfen und fair und ökologisch herzustellen, ist eine Kunst. So viel steht fest.

KAPITEL 6

Verwandlung ohne Kompromisse

Als meine Brüder und ich in einem Alter waren, in dem meine Eltern uns unbeaufsichtigt zu Hause lassen konnten, stellte ich mit meiner elternfreien Zeit meist zwei Dinge an. Das eine war fernsehen. Wir durften damals eine Stunde am Tag fernsehen und mussten vorher sagen, was wir gucken wollten. Durch das Programm zu zappen, war nicht erlaubt. Klar, dass es da verlockend war, uns jede freie Sekunde ohne meine Eltern durch das komplette Programm zu zappen und neue Kanäle zu entdecken. Wenn meine Eltern zurückkamen, versteckten wir uns schnell hinter den Wohnzimmersesseln, wobei immer einer von uns so lachen musste, dass wir jedes Mal aufflogen.

Die andere sehr verführerische Option war, in das Badezimmer meiner Eltern zu gehen und mich durch die Kosmetik meiner Mutter zu wühlen. Ich war damals so zehn Jahre alt und besaß kein eigenes Make-up. Diese wunderschönen kleinen Schächtelchen und glänzend goldenen Lippenstifte, die man herausdrehen konnte und die so gut rochen, zogen mich magisch an. Ich hatte meine Mutter oft im Bad dabei beobachtet, was sie mit diesen Stiften und Tuben machte. Sie trägt, seitdem ich denken kann, jeden Tag farbigen Lippenstift.

Wenn sie ohne Lippenstift am Frühstückstisch saß, was sehr selten vorkam, dann wusste ich, dass sie sich mit meinem Vater gestritten hatte. Ihre Lippenstifte hatten alle möglichen Farben. Es gab viele knallrote und dunkelrote, aber auch rosa und lila. Ich staunte, wie viele unterschiedliche Rottöne es überhaupt gab.

Spannend waren auch die Lidschatten, die so schön glitzerten. Ich traute mich lange nicht, die dekorativen Produkte an mir auszuprobieren. Sie kamen mir unendlich kostbar vor, und ich wollte nicht erwischt werden. Stattdessen probierte ich mich erst einmal durch die Cremes meiner Mutter. Die waren so weich und wohlduftend und fühlten sich auf der Haut einfach umwerfend an. Viel besser als die Nivea, die für uns Kinder im Bad stand. Später traute ich mich auch an die Lippenstifte heran, und ich war sprachlos, wie mich das bisschen Farbe auf den Lippen sofort einige Jahre älter aussehen ließ. Ich fühlte mich wie eine feine Dame, eine Prinzessin.

Einmal, als ich wieder dabei war, die unendlichen Kosmetikvorräte meiner Mutter zu erkunden, fiel mir ein Nagellack herunter. Das Glas zersplitterte, und überall waren rote Spritzer an den Fliesen – wie bei einem Tatort. Ich war verzweifelt! Ich versuchte die Flecken mit Toilettenpapier wegzuwischen, aber ich machte es damit nur noch schlimmer und gab schließlich auf. Ich hatte keine Ahnung, was ein Nagellack kostet, aber in meiner Vorstellung natürlich sehr viel, so edel erschienen mir die Kosmetikprodukte. Als mein Vater nach Hause kam, beichtete ich ihm meinen Unfall. Zu meinem Erstaunen war er gar nicht sauer, sondern holte Nagellackentferner, und wir entfernten zusammen die verwischten Kleckse. Er versprach mir, nichts davon meiner

Mutter zu sagen, und nach ein paar Tagen war das Unglück vergessen.

Zu Weihnachten wünschte ich mir von meinen Großeltern Make-up. Was ich bekam, war eine Kinderpalette aus Plastik, die keine Farben enthielt, sondern mit der man nur Schminken spielen konnte. Ich fand das irre doof. Meine Begeisterung für echte Kosmetik blieb, und circa zwei Jahre später schenkte mir meine Mutter ihre Lippenstifte, die fast aufgebraucht waren. Ich war begeistert! Meine erste eigene Kosmetik. Damit begann eine Liebe für die Verwandlung. Stundenlang konnte ich im Badezimmer stehen und in meinem Gesicht herumpinseln. Ich war fasziniert davon, dass ich mit ein wenig Make-up zu einem anderen Menschen werden konnte. Mein Taschengeld gab ich, sobald ich es durfte, am liebsten in der örtlichen Drogerie aus. Ich ging damals zwar noch nicht geschminkt raus, aber probierte stundenlang Make-up-Tipps aus meinen Zeitschriften wie *Mädchen* und *Bravo! Girl* aus.

Mein halbes Leben lang hatte ich Make-up einfach zum Spaß benutzt und kaufte die Cremes, die mir in Magazinen empfohlen wurden. Ich kaufte Kosmetik, mit der Visagist*innen bei Modeshootings arbeiteten und die mir gefallen hatte. Ich bekam bei meinen Jobs immer Tipps, welche Foundation gerade die beste am Markt war, welches Gesichtswasser am verträglichsten war und welche neue Lidschattenpalette die Luxusmarke XY gerade herausgebracht hatte. Meine Freundinnen fragten mich oft nach diesen Insidertipps.

Erst viele Jahre später sickerte bei mir die Erkenntnis durch, dass es so etwas wie Naturkosmetik gab, auch im dekorativen

Bereich. Eigentlich kam ich durch die Mode auf die Naturkosmetik, denn im Rahmen meiner Recherche zu fairer und nachhaltiger Mode blieb ich bei grünen Blogs immer wieder bei Kosmetikberichten hängen, und langsam erfuhr ich, welch schlechte Inhaltsstoffe die herkömmlichen Produkte teilweise enthielten.

An einem Wochenende im Sommer 2016 setzte ich mich an meinen Laptop und meldete mich bei der Plattform *cosmeticanalysis.com* an. Ich zahlte einen Jahresbeitrag und bekam im Gegenzug eine unabhängige Auskunft über die Inhaltsstoffe der Kosmetik, die ich im Badezimmer hatte. Ich hatte auf einem nachhaltigen Blog über Mikroplastik und hormonell wirksame Stoffe in Kosmetikprodukten gelesen. Gleichzeitig ging das Thema Aluminium in Deos, das krebserregend sein soll, schon länger durch die Presse. Ich wollte mein Badezimmer einmal komplett scannen und fortan nur noch Produkte nutzen, die gut für mich und die Umwelt sind.

Einige meiner Kosmetikartikel waren auf der Plattform bereits gelistet. Zusätzlich hatte ich aber auch die Möglichkeit, neue Produkte hinzuzufügen und die Listen der Inhaltsstoffe aus Onlineshops einzufügen. Die Inhaltsstoffe wurden automatisch analysiert und für das Produkt eine Gesamtbilanz erstellt. Das analysierte Produkt konnte ich dann veröffentlichen und so die Informationen mit allen anderen Usern teilen. Mir gefiel der Gedanke, dass man hier mit fremden Menschen Teamarbeit betrieb und sich so als Gruppe langsam Klarheit über die riesige Welt der Kosmetik verschaffen konnte.

Das Programm zeigt anhand eines simplen Ampel-Modells, welche Inhaltsstoffe als gut und welche als schlecht zu bewerten sind. Rot sind zum Beispiel Stoffe wie Paraffin – ein Destillat aus Mineralöl, das unter Verdacht steht, krebserregend zu sein. Genauso Mikroplastik, Stoffe, die an Tieren getestet wurden oder die hormonell wirksam sind. Rot markiert ist zum Beispiel auch Palmöl. Die Ölpalme ist sehr billig im Einkauf, und das Öl eignet sich gut für Kosmetika. Leider werden für den Anbau von Ölpalmen riesige Flächen im Regenwald abgeholzt. Regenwälder sind nicht – wie oft behauptet – die Lungen der Erde, sondern große Speicher für CO_2. Denn die Bäume nehmen durch ihr jahrhundertelanges Wachstum große Mengen des Klimagases in ihren Organismus auf und speichern es in Form von Biomasse, also Holz. Werden diese Bäume gerodet, gelangt dieses CO_2 wieder in die Atmosphäre.

Das Roden ist aber nicht nur für die Umwelt eine Katastrophe, sondern auch für die Vielfalt der Tier- und Pflanzenwelt. Denn im Urwald leben eine Menge vom Aussterben bedrohte Tierarten, wie etwa der Orang-Utan. Diese Tiere werden aus ihrem natürlichen Lebensraum verdrängt und können in den Monoplantagen, in denen nichts anderes als die Ölpalme gepflanzt wird, nicht überleben. Der Verlust von Regenwäldern bedeutet also eine Zerstörung von Biodiversität, deren Auswirkungen auf unsere Ökosysteme gravierend sind. Grundsätzlich ist Palmöl also ein problematischer Stoff, es gibt jedoch auch Initiativen, die diesen Rohstoff nachhaltig anbauen. Das ist aber leider die Ausnahme.

Je mehr ich über Inhaltsstoffe las, desto klarer wurde mir, dass ich mit jedem Produkt, das ich mir morgens auf mein Gesicht auftrage, eine Entscheidung treffe. Welchen Lippenstift ich in der Drogerie kaufe, hat ganz konkrete Auswirkungen auf das Überleben der Orang-Utans. Bei dem, was ich so über einige Inhaltsstoffe las, wunderte ich mich sehr, dass zum Beispiel potenziell krebserregende Inhaltsstoffe überhaupt zugelassen waren. Ich war misstrauisch. Setzen sich Menschen wirklich einer gesundheitlichen Gefahr aus, um ein wenig hübscher auszusehen? Es musste doch eine Art gesundheitliche Kontrollinstanz des Staates geben, die solche Produkte verbietet. Dieser hübsche, edle Marken-Lippenstift mit glänzendem Logo, hochwertiger Verpackung, der wird doch nicht wirklich krebserregend sein? Dieser Lippenstift kostet knapp 40 Euro, der wird doch gut sein. Die schönsten, smartesten und berühmtesten Schauspielerinnen der Welt werben für diesen Lippenstift!

Dann gibt es noch so ein schwieriges Thema: Tierversuche. Tierversuche? Die wurden 2013 doch EU-weit für Kosmetik verboten. Problem erledigt also? Das ist fast richtig, allerdings gilt das nur für neue Produkte und Inhaltsstoffe. Außerdem gibt es eine Lücke im Gesetz. Die Verbote beziehen sich nur auf Inhaltsstoffe, die ausschließlich für kosmetische Zwecke eingesetzt werden. Die Kosmetikhersteller*innen bedienen sich deshalb nun zunehmend an chemischen Substanzen aus den Bereichen Reinigungsmittel, Wandfarben oder Medikamenten, die an Tieren getestet werden dürfen und teilweise sogar müssen.

Die Firmen könnten ja auch einfach freiwillig auf schlechte Inhaltsstoffe verzichten, wenn sie doch wissen, was sie Mensch und Umwelt damit antun. Machen sie aber nicht, denn zum einen sind viele dieser Stoffe billiger als natürlich oder nachhaltig gewonnene. Zum anderen geht es auch um die »Performance« des Produkts. Menschen wollen Lippenstifte kaufen, die möglichst lange halten, laut Werbung gerne auch 24 Stunden lang. Wozu auch immer. Kund*innen kaufen gerne Shampoo, das in der Hand so hübsch silbern glitzert, und Haarspray, das einem die Haare zu Berge stehen lassen kann.

Ich habe inzwischen herausgefunden, was mir bei den Produkten, die ich täglich im Badezimmer benutze, wirklich wichtig ist. Ein Deo, das jeder Schweißattacke standhält. Ein Shampoo, das meine Haare zum Glänzen bringt. Einen Lipgloss dagegen, der auf den Lippen brennt und bitzelt, damit diese anschwellen und voller aussehen, den brauche ich bestimmt nicht. Ebenso wenig eine Mascara mit kleinen, haarigen Partikeln, die sich auf die eigenen Wimpern legen, damit diese voller aussehen.

Die Kosmetikindustrie verkauft uns mit viel Werbung viele Dinge, die wir kaufen sollen, um scheinbare Makel zu kaschieren. Der ganze Anti-Aging-Markt etwa, der mit seinen Produkten eine Schlacht kämpft, die man nur verlieren kann. Ist es nicht viel schöner, sich mit den Fältchen im Laufe seines Lebens anzufreunden? Sie mit Liebe zu betrachten und sie als das zu sehen, was sie sind: ein Beweis eines gelebten Lebens? Aber auch für den weiblichen Körper gibt es unzählige Produkte, um diesen zu verschönern. Haarentfernungsprodukte, Bräunungscremes und straffende Bodylotions. Fast alle Frauen wissen, dass man Cellulite nicht mit Cellulite-Creme in den Griff bekommt. Dass es auf eine gesunde Ernährung und ausreichend Bewegung ankommt und selbst dann die Cellulite oft bleibt. Trotzdem gibt es immer wieder neue Produkte, die versprechen, die Orangenhaut »endlich in den Griff zu bekommen«. Nur 41 % der deutschen Frauen sind zufrieden mit ihrem Körper, wohingegen es bei den

Männern immerhin 53 % sind. Ich finde das eine ziemlich traurige Zahl und bin mir sicher, dass die Beauty-Industrie an diesem mangelnden Selbstwert der Frauen mitschuldig ist.

Zum Glück gibt es immer mehr Menschen in der Öffentlichkeit, aber auch Firmen, die sich mit dem Thema Body Positivity beschäftigen und andere Frauen dazu ermutigen, gütiger und netter mit ihrem eigenen Körper und Aussehen umzugehen. Inzwischen hat sich daraus der Begriff der Body Neutrality entwickelt. Es geht darum, dass man seinen Körper nicht lieben und wunderschön finden muss. Auch das erzeugt nämlich wieder Druck. Es geht darum, einfach ein neutrales, entspanntes Verhältnis zu seinem Körper zu haben.

Bei mir hat es lange gedauert, meinen Körper so anzunehmen, wie er ist. Allein durch meine Skoliose fühlte ich mich lange nicht schön und leide auch heute noch manchmal darunter, denn Symmetrie ist Perfektion, das gibt die Werbewelt vor. Bereits mit sechzehn Jahren benutzte ich Cellulite-Cremes und Anti-Aging-Augencremes, vorbeugend. Mit dem Ausstieg aus der klassischen Modelwelt, in der ich ständig dem Druck auferlegter Schönheitsideale standhalten musste, fand ich zu meiner eigenen Body Positivity. Ich stellte mich vor den Spiegel und übte, gute Gedanken zu haben, wenn ich meinen Körper und mein Gesicht betrachtete. Jahrelang wurde ich darauf gedrillt, nach den Schwachstellen zu suchen. Ich lernte, diese negativen Gedanken im Keim zu ersticken und durch wertschätzende Sätze zu ersetzen. Ich fokussierte mich auf die Stellen an meinem Körper, die ich mochte, nicht auf die, die ich nicht mochte.

Indem ich mich mit Naturkosmetik und Inhaltsstoffen auseinandersetzte, begann ich, parallel die Natürlichkeit meines Körpers zu lieben und diese mit guten Inhaltsstoffen zu unterstützen. Denn den eigenen Körper zu pflegen, muss nicht immer daher rühren, dass man mit ihm unzufrieden ist und ihn verändern möchte. Eine Wertschätzung und liebevolle Pflege gehen oft Hand in Hand. Das habe ich erlebt, als ich mir in der Schwangerschaft immer viel Zeit für das Eincremen meines Bauches genommen habe. Das war für mich ein Entspannungsritual und gleichzeitig die Zeit, in der ich meine neuen Kurven bestaunt habe. Selten habe ich mich in meinem Körper so schön gefühlt. Ohne zu erwarten, dass das Schwangerschaftsöl gegen Dehnungsstreifen hilft, habe ich mich gut dabei gefühlt, meinen Körper mit guten Inhaltsstoffen zu versorgen.

Aber was genau sind eigentlich gute Inhaltsstoffe? Das sind zum Beispiel Wasser, Fette oder Öle. Dazu kommen gute Emulgatoren, die man braucht, um eine gleichmäßige Textur herzustellen. Und es gibt natürlich eine Vielzahl an speziellen Wirk- und Pflegestoffen, wie zum Beispiel Vitamine. Damit das Produkt haltbar bleibt, braucht man Konservierungsstoffe. Normalerweise werden dafür Parabene eingesetzt. Die sind allerdings in Verruf geraten, weil ihnen nachgesagt wird, hormonell wirksam zu sein. In Naturkosmetik findet man deshalb natürliche Alternativen wie Alkohol, ätherische Öle oder naturidentische Substanzen.

Alleine anhand der Namen der Inhaltsstoffe kommt man nicht wirklich gut voran. Es gibt unendlich viele gute Stoffe, die schlecht klingen und umgekehrt. Wer keine Lust hat zu scannen, kann natürlich auch einfach nach Gütesiegeln Ausschau halten. Da gäbe es zum Beispiel das »Vegan«-Siegel. Es verbietet die Verwendung von Inhaltsstoffen, die von lebenden oder toten Tieren stammen. Davon gibt es erstaunlich viele! Zum Beispiel Fibrostimulin K. Der Antifaltenwirkstoff wird aus Kälberblut gewonnen. Oder Karmin, ein rotes Pigment, das für Lippenstifte oder Nagellack benutzt wird. Für die Gewinnung von knapp 450 g Karmin müssen 70.000 Cocheneilleschildläuse bei lebendigem Leib gekocht und anschließend getrocknet und zerdrückt werden. Wichtig ist aber, dass ein Vegan-Siegel nicht mit Naturkosmetik gleichzusetzen ist oder bedeutet, dass das Produkt komplett unbedenklich ist. Schließlich sind Mikroplastik, Parabene und viele andere synthetische Stoffe auch »vegan«. Das nutzen viele Hersteller für ihr Greenwashing aus. Hier also besser auf ergänzende Siegel achten.

Die werden zum Beispiel auf *www.verbraucherzentrale.de* oder *www.utopia.de* aufgelistet und erklärt. Allerdings können sich, wie in der Modeindustrie auch, viele kleine Marken keine Zertifizierung leisten und sind über dieses Ausschlussverfahren auch entsprechend schwer zu finden. Deshalb finde ich persönlich im Kosmetikbereich die Scan-Methode sehr praktisch.

An diesem Sommer-Wochenende scannte ich die komplette Kosmetik, die ich besaß, und die von meinem damaligen Freund gleich mit. Alles, was in der Gesamtbewertung nicht mindestens hellgrün und somit gut war, flog aus unserem Haushalt. Nach zwei Tagen Arbeit war ich ganz schön platt. In den vergangenen Jahren hatte sich ein beeindruckend großer Berg Kosmetika angesammelt, von dem am Ende weniger als die Hälfte in meinem Badezimmer übrig blieb.

Dieses Buch handelt von Kompromissen, denn es ist so gut wie unmöglich, in jedem Bereich seines Lebens komplett nachhaltig zu leben. Doch in diesem Kapitel gibt es ausnahmsweise keine Kompromisse. Man muss nicht alles perfekt machen, aber es gibt wirklich keine guten Ausreden, warum man nicht zumindest das eigene Badezimmer nachhaltiger ausstattet.

Im Gegensatz zur Mode fiel mir die Umstellung bei der Kosmetik ganz leicht. Es gab Naturkosmetik nicht nur online zu kaufen, es gab sie auch in Apotheken, in Kosmetikstudios und in jedem ganz normalen Drogerie- und Biomarkt. Und das zu sehr fairen Preisen! In der Kosmetikbranche gab es viel früher als bei der Mode ein breites Verständnis und Interesse an natürlichen Inhalten und Nachhaltigkeit. Wichtiger Faktor dafür war die Umweltbewegung in den 80er-Jahren. Damals kamen Biomärkte und Reformhäuser in Deutschland auf. Klar, dass es dort leichter war, neben Lebensmitteln auch natürliche Kosmetik zu verkaufen als Kleidung. Der Naturkosmetikmarkt in Deutschland wächst stetig und macht mittlerweile zehn Prozent des deutschen Kosmetikmarktes aus. Das macht es Konzernen wiederum möglich, ihre Produkte zu günstigen Preisen anzubieten, sodass Nachhaltigkeit kein Luxus sein muss, sondern sich jede*r frei entscheiden kann, ob er oder sie mit der täglichen Routine im Bad die Umwelt zerstören oder schützen möchte.

Es ist nämlich nicht nur wichtig, was in unsere Haut einzieht, sondern auch, was in unseren Abflüssen landet. Herkömmliche Duschpeelings enthalten kleine Plastikpartikel. Wir seifen uns täglich unter der Dusche die Haut mit Plastik ein. Eine absurde Vorstellung! Abgeduscht landen die Partikel im Grundwasser und können nicht rausgefiltert werden, und so landen ihre oft hormonell wirksamen Abbaustoffe irgendwann auch in unserem Grundwasser. Nach der Dusche geht es weiter mit der Plastikcreme, mit der wir unseren ganzen Körper eincremen. Dann kommt das Haarwachs und somit Plastik ins Haar und so weiter und so weiter.

Aber es gibt Alternativen! Jeder kann sofort, jetzt und heute auf diese Alternativen umsteigen. Wie in der Mode auch, gibt es Kosmetikkonzerne, die versuchen, sich grün zu waschen und uns mit großen Marketingkampagnen auf eine falsche Fährte zu führen. Selten hatte ich so viele Angebote für Greenwashing-Jobs in der Kosmetikbranche wie heute. Aber im Gegensatz zur Mode, wo wir uns aufwendig in die Materialkunde einarbeiten müssen, können wir Kosmetik einfach scannen. Es ist ganz leicht, sich die App *Codecheck* herunterzuladen und über die Kamerafunktion einen Barcode zu scannen. Sekunden später weiß man, was drin ist. *Codecheck* kann man übrigens auch für Lebensmittel verwenden, denn viele Produkte, von denen man das nicht denken würde, enthalten zum Beispiel Gelatine. Ich wünschte, so einen Scanner gäbe es auch für Kleidung! Wem das mit der App zu aufwendig ist, der kauft die Kosmetika einfach direkt im Biomarkt, da kann man sich sicher sein, dass die Inhaltsstoffe überprüft wurden und gut sind.

Der Umstieg im Badezimmer ist wirklich einfach. Man kann die wichtigsten Produkte neu kaufen, ohne sich zu ruinieren. Dann muss man sich nur noch überlegen, was man mit den alten Produkten macht, die man mit dem neu gewonnenen Wissen oft niemandem mehr zumuten möchte. In dem Fall: ab in die Tonne. Beim Neukauf kann man dann darauf achten, nur das zu kaufen, was man auch wirklich benutzt. Mein

Tipp: Wende das Prinzip »so viel wie nötig, so wenig wie möglich« an. Ich empfehle, einmal alle Produkte aus dem Badezimmer zu entfernen und nur dauerhaft dorthin zurückzuholen, was man wirklich täglich benutzt. Dann kann man sich fragen, ob die tägliche Nutzung auch sinnvoll ist. So reduziert sich die Zahl an Produkten schnell. Das ist dann auch ein viel schönerer Anblick im Bad, wenn nicht alles vollgestellt ist mit Fläschchen und Döschen, die langsam einstauben.

Beim Make-up, also der dekorativen Kosmetik, dachte ich lange, ich müsse Abstriche machen. Es hat ein bisschen gedauert, aber jetzt weiß ich, welches Produkt von welchem Anbieter mein Bedürfnis nach einem natürlichen, edlen und auch mal abwechslungsreichen Look erfüllt. Meine Erfahrungen teile ich auf meinem Blog und auf Instagram, um so immer mehr Menschen davon zu überzeugen, dass es zumindest für einen alltäglichen Look kein konventionelles Make-up braucht. Ich finde Frauen bewundernswert, die ganz auf Make-up verzichten und sich immer genauso zeigen wollen, wie sie gerade aussehen, ganz natürlich. Aber ich persönlich liebe Make-up und die Möglichkeit, mir nach einer unruhigen Babynacht einen frischen Look zu zaubern, der mich nicht nur wacher aussehen lässt, sondern mir auch einfach ein besseres Gefühl gibt. Es hat etwas Magisches für mich, sich mit Make-up verändern zu können. Ich probiere gerne extravagantes Make-up aus, wenn ich ausgehe. Es ist kreativ und künstlerisch, und ich freue mich darüber, wenn mir ein neuer Look gelungen ist, den ich so vorher noch nicht getragen habe. Mit Make-up fühle ich mich oft sexyer und selbstbewusster als ohne, und ich glaube, es spricht nichts dagegen, sich hier und da mal einen kleinen Selbstwahrnehmungsboost zu geben. Auch Männer sollten öfter einmal Make-up tragen!

Immer wenn ich in der Vergangenheit auf Festivals gefahren bin, haben sich dort gerne auch die Männer von mir bunt anmalen lassen. Ich merke dann, wie sie es genießen, wenn auch mal jemand in ihrem Gesicht herumpinselt. Außerdem entwickeln sie dabei offenbar große Freude daran, eben auch mal anders auszusehen als im Alltag. Vielen Männern gefällt es zum Beispiel gut, bei Festivals schwarz betonte Augen geschminkt zu bekommen. Jack Sparrow und Keith Richards lassen grüßen. Warum tragen eigentlich nur Piraten und Rockstars im Alltag Make-up? Ist doch sexy! Der Kajalstift schärft den Blick, und die Augenfarbe kommt katzenmäßig zur Geltung. Das sind so Momente, in denen ich mich besonders freue, eine Frau zu sein. Im Gegensatz zu Männern muss ich mich im Alltag nie dafür rechtfertigen, Make-up zu tragen. Ich hoffe, dass zum Beispiel Influencer wie Fabian Hart zukünftig weiter dazu beitragen, Make-up für Männer mehr in den Mainstream zu holen.

Zurück zu dem Ort, an dem extrem viel Plastik im Müll landet: das Badezimmer. Komplett auf Produkte aus Glas umzusteigen, ist auch nicht die optimale Lösung, da bei den Glasprodukten meist die CO_2-Bilanz beim Transport höher ist. Denn das Produkt aus Glas ist deutlich schwerer, und so verbraucht der Lkw beim Transport mehr Benzin. Wenn das Kosmetikprodukt in der kleinen Manufaktur um die Ecke produziert oder sogar selbst hergestellt wurde, ist die Glasverpackung natürlich der bessere Weg.

Immer mehr Marken benutzen für die Verpackung inzwischen recyceltes Plastik, was definitiv ein guter Weg ist. So langsam gibt es auch ein paar Refillsysteme, wobei sich das bei Kosmetik als deutlich schwieriger als bei Lebensmitteln herausstellt. Es werden aber auch immer mehr Produkte angeboten, die ganz ohne Plastik- und Glasverpackung auskommen. Die gute alte Seife steht inzwischen wieder hoch im Kurs. Sie ist oftmals lediglich in eine dünne Papierverpackung oder eine Banderole eingeschlagen, hält viel länger als jedes Duschgel und ist auch als Naturkosmetikprodukt sehr günstig zu haben. Man spart also Verpackung und Geld.

Es gibt inzwischen nicht bloß die Seife zum Händewaschen, sondern auch super Shampoo- und Conditioner-Seifen, Duschgelseifen, Rasierschaumseifen, Gesichtsreinigungsseifen, Peelingseifen und sogar Bodylotionseifen. Es ist vielleicht nicht jedes Produkt aus dieser Reihe für jeden etwas. Aber es ist wirklich überhaupt kein Problem, einige der konventionellen Badprodukte durch Seifen auszutauschen. Diese Seifen haben auch nichts mehr mit Omas Seife zu tun, die sich zwischen den Händen zäh anfühlte, merkwürdig roch und trockene Hände machte. Die neuen Seifen haben spannende Texturen, jeden erdenklichen Geruch, und ich persönlich habe richtig Freude daran, dieses Produkt wieder neu für mich zu entdecken.

Diese Seifen nehme ich übrigens auch auf Reisen in einer Seifenbox mit. Denn diese schönen kleinen Kosmetikprodukte in einem Hotelzimmer landen natürlich alle am Ende im Müll. Ich lasse sie deshalb unberührt und benutze lieber meine eigene Seife.

Neben festen Shampoos, Roggenmehl und Lava-Erde als Ersatz für Shampoos gibt es auch den sogenannten »No-Poo«-Trend. Der komisch klingende Name bedeutet letztlich nichts anderes, als dass die Haare nur noch mit Wasser und ganz ohne Shampoo gewaschen werden. Dermatologen sind sich einig, dass aus medizinischer und hygienischer Sicht keine Notwendigkeit besteht, die Haare mit Shampoo zu waschen. Ganz im Gegenteil, zu viel Waschen kann die Kopfhaut austrocknen und den natürlichen Säureschutzmantel der Haare angreifen. So kommt es zu Juckreiz, Schuppen- und vermehrter Talgbildung, mit der die Kopfhaut versucht, das natürliche Gleichgewicht wieder aufzubauen.

Die Krux an der No-Poo-Methode ist, die erste Zeit durchzustehen. Denn die meisten von uns haben ihre Haare jahrelang mit Shampoos voller Silikone gewaschen, die sich dauerhaft um das Haar legen und so immer mehr Haarwäsche nötig machen. Hört man auf, Shampoo zu benutzen, brauchen Haare und Kopfhaut Zeit, ihr natürliches Gleichgewicht wiederzufinden. Meist sind es zwischen drei und sechs Wochen, in denen die Haare fettig wirken. Ein Corona-Lockdown im Homeoffice oder eine lange Reise sind ein guter Zeitpunkt für dieses Experiment. Danach stellen die meisten fest, dass das Haar fester wird, natürlicher fällt und durch das »Sebum« (natürlicher Talg) auch einen Griff bekommt. Beachten sollte man lediglich, dass die Haare regelmäßig gebürstet oder gekämmt werden müssen, damit sich das Sebum auf dem ganzen Haar verteilen kann.

Ein Nachteil ist natürlich, dass diese Methode nur funktioniert, wenn man keine Stylingprodukte verwendet, denn Shampoos sind eigentlich hauptsächlich dafür da, diese Produkte wieder zu entfernen. Für mich kommt diese Methode deshalb nicht infrage, denn oft bekomme ich bei Shootings oder Drehs den ganzen Tag über diverse Stylingprodukte in meine Haare gesprüht. Aber Dr. No, mein Nachhaltigkeitsexperte, ist hellauf begeistert. Er sagt, gerade für

Männer, die es unkompliziert mögen, wäre diese Methode ideal.

Eins der am stärksten beworbenen Kosmetikprodukte sind Haarfärbemittel. Von jetzt auf gleich den Typ verändern zu können, ist eine tolle Sache. Aber all diese Produkte leuchten im Kosmetikscan auffällig oft rot, und das aus gutem Grund. Haare färben geht nämlich so: Die natürliche Schuppenschicht der Haare wird meist mit Stoffen wie Ammoniak (riecht stechend, wirkt ätzend auf Schleimhäute und ist giftig) aufgebrochen, denn nur so gelangen Wasserstoffperoxid (ebenfalls stark ätzend) und Farbvorstufen überhaupt ins Haarinnere. Das Wasserstoffperoxid zerstört die eigenen Farbpigmente und reagiert dann mit den Farbvorstufen zu einer neuen Farbe. Damit diese nicht sofort wieder ausgewaschen wird, müssen Stoffe wie Silikone das Haar wieder versiegeln.

Man hat am Ende dieses Vorgangs also nicht nur seinen Typ, sondern auch massiv die chemische Struktur seiner Haare verändert. Für die eigenen Haare ist das purer Stress und nicht gesund. Man ahnt, die Handschuhe der Friseur*innen beim Haarfärbemittel sind nicht nur dazu da, die Hände vor Verfärbungen zu schützen. Einige Inhaltsstoffe, die in anderen Kosmetika verboten sind, sind beim Haarfärben erlaubt. Das sind Stoffe wie Aniline oder erdölbasierte Weichmacher. Sie gelten als krebserregend und sind wie so oft in Kosmetika hormonell wirksam. Die Stiftung Warentest empfiehlt grundsätzlich keine konventionellen Haarfärbemittel, sondern rät dazu, auf Naturkosmetikprodukte auszuweichen. Obwohl die Farbpalette hier mittlerweile recht umfangreich geworden ist, gibt es Grenzen. Je natürlicher die Farbe, desto eher findet man eine Alternative. Ein einziges Mal war ich blond in meinem Leben. 2017 bekam ich vom ZDF eine Einladung zu einem E-Casting für eine Rolle in dem Film »Bella Germania«. Ein E-Casting ist ein Schauspielvideo, das man zu Hause von sich aufnimmt. Ich gab mir viel Mühe, nahm die Szenen mit einer Schauspielkollegin auf und hoffte auf eine positive Rückmeldung. Die Produzent*innen ließen mit der Antwort auf sich warten. Irgendwann kam die Antwort, sie wären sehr begeistert von meinem schauspielerischen Talent, aber der Sender wünsche sich doch eine blonde Schauspielerin für die Rolle, da es darum ging, die beste Freundin der brünetten Hauptdarstellerin zu verkörpern. Ich war enttäuscht und hielt das Argument mit der Haarfarbe für eine Ausrede. Meine Agentin hakte nach, und es kam die Antwort, die Zeit bis zum Dreh sei zu kurz, um eine gute blonde Echthaarperücke für meinen Kopf anzufertigen. Ich rief meine Agentin an und sagte: »Wenn wirklich die Haarfarbe das Problem ist, dann lasse ich mich auch gerne blond färben.«

Einen Tag später hatte ich die Rolle, und zwei Wochen später saß ich bei einem Münchner Friseur und ließ mir meine Haare zunächst weiß bleichen. Sie waren wirklich komplett weiß. Danach wurde die perfekte Blondnuance angemischt. Insgesamt war ich acht Stunden in dem Salon, und es dauerte etwas über drei Jahre, bis die kaputten Haare wieder herausgewachsen waren. Aber für die Rolle war es mir das tatsächlich wert, und ich würde es immer wieder tun.

Privat schone ich meine Haare maximal und trage, seit ich schwanger war, nur noch meine Naturhaarfarbe. Wer eine starke Typveränderung ohne giftige Zusatzstoffe möchte, dem kann ich also eher empfehlen, mit außergewöhnlichen

Schnitten zu experimentieren. Das habe ich schon immer gerne gemacht, und ich bin ein großer Fan von Frisur-Experimenten.

Welche Umstellung sich ebenfalls lohnt, ist die auf wiederverwendbare Wattepads. Diese gibt es aus Bio-Baumwolle oder aus dem schnell nachwachsenden Bambus, und sie sind inzwischen in fast jedem Drogeriemarkt erhältlich. Dazu gibt es wiederverwendbare Wattestäbchen, und ich benutze ein Baumwolltuch, mit dem ich zum Beispiel Gesichtsmasken entferne. Einen älteren Lappen benutze ich, um meine Pinsel auszuwaschen. Das Einzige, wofür ich noch normale Wattepads benutze, ist zum Entfernen von Nagellack – der ungeschlagene Spitzenreiter in puncto giftige Zusatzstoffe. Nagellacke bestehen meist neben künstlichen Farbpigmenten aus synthetischen Inhaltsstoffen wie Weichmachern, Lösungsmitteln oder UV-Filtern, die beim Auftragen vom Körper aufgenommen werden können. Zum Beispiel verhindert Triphenylphosphat, dass Lacke brüchig werden. Studien weisen jedoch darauf hin, dass der Stoff den weiblichen Hormonhaushalt und sogar die Fruchtbarkeit negativ beeinflussen kann.

Es gibt leider keine Naturkosmetik-Nagellacke auf dem Markt. Trotzdem bieten Naturkosmetikhersteller oft Nagellacke an. Man findet stattdessen das Prinzip »weglassen«, mit dem Titel »X-free«. »3-free« bedeutet, dass die drei, und »5-free«, dass die fünf schlimmsten Inhaltsstoffe nicht enthalten sind. Klingt erst mal in Ordnung. Aber es gibt auch einen 17-free Nagellack, der immer noch keine Naturkosmetik ist. Besser als herkömmliche Nagellacke sind die natürlich schon. Der Blick in die Inhaltsliste lohnt sich also mal wieder, und hier ist es besonders wichtig, sich nicht von einem Vegan-Label blenden zu lassen. Wer, wie ich, auf Nagellack nicht verzichten will, der sollte sich informieren. Um anderen die Recherchearbeit zu ersparen, habe ich einen ausführlichen Nagellacktest auf meinem Blog veröffentlicht.

Ein letzter schneller Blick ins Badezimmer. Unsere Zahnseide befindet sich in einem kleinen wiederverwendbaren Glasröhrchen, und wir haben eine Vorratspackung mit Zahnseide für die nächsten Jahre. Wir besitzen Zahnputztabletten in einer Papierverpackung und eine ökologische Mundspülung, und auch unser Klopapier ist aus recyceltem Papier. Wer braucht schon achtlagiges, parfümiertes und mit Blumen bedrucktes Klopapier? Die Putzmittel werden durch Wasser und sich auflösende Tabs hergestellt, immer wieder in der gleichen Sprühflasche. So wird nicht nur eine Menge Plastik eingespart, sondern auch Emissionen, da weder das Wasser noch die Flasche transportiert werden müssen, sondern nur die kleinen Tabs. Unglaublich, was jeder Einzelne so bewirken kann, oder? Wer sich dafür interessiert, kann sich auch mal auf *Zero-Waste*-Blogs umgucken, die haben noch viel mehr Tipps parat, wie man zum Beispiel Shampoo und Gesichtswasser selbst herstellen kann.

Es ist kein großer Aufwand, das Badezimmer umzurüsten, einmal auf nachhaltig umzustellen und so jeden Tag etwas Gutes für die Umwelt zu tun, Ressourcen einzusparen und sich und seinem Körper nebenbei etwas Gutes zu tun. Es macht sogar Spaß, versprochen! Denn im Gegensatz zur Mode erlebt man bei diesem Prozess keine Enttäuschungen und hat selten Schwierigkeiten, sich im Konsumdschungel zurechtzufinden. Und im besten Fall übt man parallel ein bisschen Selbstliebe vor dem Spiegel. Denn so, wie man trainieren kann, nachhaltiger zu leben, kann man auch Frieden mit seinem Körper schließen und ihn als das sehen, was er ist: unser Zuhause.

KAPITEL 7

Hinter dem Tellerrand

Oktober 2010, Spätsommer in Athen. Meine Freundin Jackie Hide und ich stolzierten mit unseren langen Modelbeinen durch die aufgewärmten Straßen. Wir trugen abgeschnittene Jeans-Hotpants, Tops, Sonnenbrillen und Plastikbecher mit eisgekühltem Caffè Shakerato in den Händen. Wir schlürften die Eis-Espresso-Mischung durch die Plastikstrohhalme und kamen uns dabei ziemlich Sex-and-the-City-mäßig vor. Wir hatten uns über Bonnie Strange kennengelernt, die damals in Athen lebte und als Fotografin arbeitete.

Jackie und ich wussten, dass es in Athen eine große Markthalle gab, und wollten sie besichtigen. Vielleicht gab es da tolle Gewürze zu kaufen oder ein paar Nüsse und exotisches Obst. Was Tourist*innen sich eben so von einer Markthalle wünschen. Wir fanden die Halle auf meinem Stadtplan, und für die letzten Meter fragten wir uns durch. Dann, ganz plötzlich, standen wir auch schon mittendrin.

Wir fanden uns jedoch nicht in einer großen, schönen, altehrwürdigen Halle wieder, sondern in einem leicht heruntergekommenen überdachten Gang. Statt hübsch sortiertes Obst und Gemüse, Gewürze und Nüsse sahen wir, wohin wir auch blickten, nur Berge blutroten Fleisches. Tote Tiere baumelten wie gehängte Verbrecher, denen die Haut abgezogen wurde, links und rechts an den Mauern. Kaninchen, Lämmer und ganze Schweine. Manche hatten noch Augen und Zähne, an manchen Pfoten sahen wir noch die Krallen. Auf der Auslage darunter, neben toten Hühnern und Vögeln, weitere undefinierbare Fleischberge. Einige Häufchen waren auf den nassen, dreckigen Boden gefallen, auf dem sich dunkelrote Blutlachen mit weißem Reinigungsschaum vermischten.

Es war ohrenbetäubend laut in dieser Halle. Verkäufer priesen ihre Ware an, brüllten Preise hin und her, und wir hörten das Geräusch eines Beils, das mit einem Knall auf einem Hackbrett aufschlug. Jackie schrie, und wir versuchten, uns einen Weg durch das Fleischlabyrinth zu bahnen. Wir hörten etwas, das wie eine Motorsäge klang. Wie früher in der Geisterbahn versuchte ich, meinen Blick gesenkt zu halten, und zog Jackie am Arm.

Platsch, landete etwas, das wie eine Niere aussah, vor uns auf dem Boden. Ich blickte auf. Verkäufer, ausschließlich Männer, hantierten mit Fleischbergen und Organen. Die Metzger hatten große Bäuche und trugen lange glatte Schürzen, die blutverschmiert waren. Sie hackten, wogen und verpackten.

Jackie und ich klammerten uns aneinander, wir wollten raus, und zwar schnell. Ein Verkäufer brüllte uns etwas auf Griechisch entgegen, was wir nicht verstanden. Wir stolperten weiter. Ein Pfiff durch die Zähne von der anderen Seite. Gelächter von beiden Seiten. Ich spürte Jackies Finger, die sich in meinen Oberarm krallten. »Wo sind wir hier gelandet?« Ich konnte ihr nicht antworten, ich sah nur noch Blut und die gierigen Gesichter der Männer, die genauso rot waren wie die Fleischberge vor ihnen. Sie glotzten auf uns und unsere nackten Beine, und ich bereute die Wahl der Hotpants. Als wären wir selbst Vieh, trieben uns die Rufe und Pfiffe im Takt der Hackmesser durch die Halle. Der Gang kam uns endlos lang vor, die letzten Meter rannten wir aus der Halle raus.

Draußen lachte Jackie vor Erleichterung, doch ich sah ihre Panik noch in ihrem Gesicht. Mir war schwindelig. Ich stützte mich auf meinen Oberschenkeln ab und musste würgen. Ich schüttelte mich, versuchte, den Ekel abzuschütteln. Wenn ich die Augen schloss, sah ich die Fleischberge sofort wieder vor mir. Ein paar tiefe Atemzüge, dann musste ich auch lachen. Wir prusteten richtig los. Was für ein absurdes Erlebnis!

Auf dem Nachhauseweg redeten und redeten wir. Wir verstanden plötzlich nicht mehr, wie wir bisher den Zusammenhang zwischen Steak und toter Kuh komplett ausblenden und ignorieren konnten, woraus Spaghetti Bolognese und Chicken McNuggets eigentlich wirklich bestehen. Zwischen der U-Bahn-Station und Bonnies Wohnung kamen wir an einem Imbiss vorbei, in dem wir uns regelmäßig Salate zusammenstellten. Die Auslage im Schaufenster betrachtete ich nun mit anderen Augen. Zum ersten Mal wurde mir so richtig klar, dass das, was wir uns als eines von vielen Toppings auf den Salat legen ließen, durch Stress, Schmerz und Leid gestorben war.

Zu Hause bei Bonnie begann ich zu recherchieren, wie viele Tiere ich bisher in meinem Leben gegessen hatte. Ich hatte wahrscheinlich etwas weniger Fleisch als der/die Durchschnittsdeutsche gegessen, da ich nie sonderlich fleischbegeistert gewesen war. Der/die Durchschnittsdeutsche vertilgt aber in zwanzig Jahren, die ich Fleisch gegessen hatte, ein komplettes Rind, elf Schweine und 216 Hühner. Oh je. Ich hatte mich eigentlich immer als sehr tierlieb wahrgenommen, das passte nun nicht so recht zusammen. Von einem Tag auf den anderen hörte ich auf, Fleisch zu essen. Und zu meinem großen Erstaunen fehlte mir gar nichts. Als ich dann auch noch erfuhr, wie schlecht es für den Planeten ist, Fleisch zu essen, sah ich schlicht keinen Grund mehr, wieder mit dem Fleischessen anzufangen. Parallel lernte ich meinen damaligen Freund kennen, der bereits seit vielen Jahren vegetarisch lebte, das machte es noch einfacher im Alltag, und er setzte einige Denkanstöße.

Ich fing an, darüber nachzudenken, weshalb ich mein Leben lang Fleisch gegessen hatte. Waren meine Eltern schuld? Klar prägt es, wie man aufwächst und was einem die Eltern auftischen und vorleben. Aber ich hätte auch als Kind schon »Nein« sagen können. Ich muss so acht Jahre alt gewesen sein, als ich einmal am gedeckten Weihnachtstisch mit Braten und Klößen bei meinen Großeltern in Stuttgart erfuhr, dass meine Cousine Antonia, die damals fünf war, nun Vegetarierin sei. Als ihre Mutter, meine Tante Kathrin, auf die verwunderte Rückfrage meiner Oma, warum Antonia denn keinen Braten wolle, antwortete, dass sie sich dazu entschieden habe, kein Fleisch mehr zu essen, schrie meine Oma auf: »Ja um Gottes willen!«

Mein Opa verstand nur Bahnhof und rief: »Helga, was ist los?« Tante Kathrin versuchte abermals zu erklären: »Antonia ist jetzt Vegetarierin.« Opa blickte ratlos zu seiner Frau. Meine Oma daraufhin noch mal deutlich: »Die Antonia isst kein Fleisch mehr!« Mein Opa hielt sich am Tischrand fest, lachte laut und stieß ebenfalls ein »Ja um Gottes willen!« aus. Daraufhin entbrannte eine wilde Diskussion unter den Erwachsenen, wie es dazu kommen konnte und ob das Kind ohne Fleisch überhaupt groß und stark werden könne.

Antonia saß still am Tischende, hielt den Blick gesenkt und

schob ihre Erbsen auf dem Teller hin und her. Ihre Mutter erzählte, dass Antonia dank des Films *Schweinchen Babe* klar geworden sei, dass für Fleisch Tiere getötet werden und sie keine Tiere mehr essen wolle. Ihre Eltern dachten zuerst, es wäre ein Scherz, aber Antonia blieb dabei, und ihre Eltern respektierten ihren Wunsch und kochten ab da immer etwas Vegetarisches mit.

Meine Brüder und ich verfolgten die Gespräche mit gespitzten Ohren, hatten aber keinen blassen Schimmer, welche der Theorien, die die Erwachsenen aufstellten, Unsinn waren. Mein Vater, der Arzt ist und der in unseren Augen absolut ALLES wusste, sagte, dass der Mensch ein Fleischfresser sei, das wäre schon in der Steinzeit so gewesen.

Fortan wurde aber bei diesen Familienzusammenkünften stets eine Alternative für Antonia gekocht, auch wenn sie immer wieder betonte, dass sie auch mit den Beilagen glücklich sei. Für meine Brüder und mich war das Thema schnell abgehakt, und wir aßen weiter, was meine Mutter uns kochte. Und sie kochte fabelhaft!

Jeden Mittag stand bei uns zu Hause ein frisch gekochtes Essen auf dem Tisch. Meine Mutter arbeitete freiberuflich und schrieb zu Hause an ihren Artikeln und Büchern. Egal, wie wenig Zeit sie noch bis zur Abgabe hatte, wir konnten uns darauf verlassen, dass es herrlich duftete, wenn wir Kinder mittags mit unseren schweren Schulranzen und ordentlich Kohldampf eintrudelten. Manchmal brachte ich eine Freundin oder meine Brüder Freunde mit, denn allen schmeckte das Essen meiner Mutter hervorragend. Meine Lieblingsgerichte waren ihre Spaghetti Bolognese und Spaghetti Carbonara, die es immer an meinem Geburtstag gab. Meine Mutter kochte, was uns schmeckte. Pfannkuchen mit Pilzgemüse, Cordon Bleu mit Bratkartoffeln, Nudelauflauf, zu dem wir immer Ketchup essen durften, Geschnetzeltes mit selbst gemachten Spätzle, und abends gab es immer ein leckeres Abendbrot mit einem guten Vollkornbrot und allerlei Aufschnitt. Das Essen war so lecker, dass wir selten etwas auf dem Teller liegen ließen. Wenn doch, wurden wir nie dazu gezwungen aufzuessen.

Meine Mutter war, so wie ich, als Kind und Jugendliche von Natur aus sehr dünn gewesen. Ihr schmeckten einfach viele Dinge nicht. Sie war immer mal wieder erkältet, nichts Ernstes, aber der Kinderarzt verschrieb ihr deswegen einen Aufenthalt in einer Kureinrichtung, um sie »einmal richtig aufzupäppeln«, und meine Großeltern stimmten zu. Ziel war, dass sie die Einrichtung mit einigen Kilos mehr verließ, und so tischte man ihr jeden Tag große Teller mit Fleisch, Gemüse, Kohlenhydraten und viel Soße auf. Das Essen dort schmeckte meiner Mutter überhaupt nicht, aber sie durfte erst aufstehen und mit den anderen Kindern spielen, wenn sie alles aufgegessen hatte.

In dem Heim gab es auch ein übergewichtiges Mädchen, dem ein Arzt eine strenge Diät verordnet hatte. Meine Mutter witterte ihre Chance und traf mit diesem Mädchen eine Vereinbarung. Das Mädchen aß heimlich ihren Teller leer, dafür bekam es als Belohnung die Schokolade und Süßigkeiten, die die Verwandtschaft meiner Mutter geschickt hatte. Das ging eine Weile gut, bis der Schwindel aufflog. Meine Mutter wurde daraufhin das nächste Mal, als sie sich weigerte, die ungenießbare Suppe zu essen, mit dieser in ihrem Zimmer eingesperrt. Die anderen Kinder durften Ausflüge machen, meine Mutter saß mit dem Teller Suppe in ihrem Zimmer und konnte sich einfach nicht überwinden. Am Ende versenkte sie ihr Mittagessen kurzerhand im Blumentopf einer Topfpflanze.

Dieser Kuraufenthalt hat weder für meine Mutter noch für das andere Kind positive Veränderungen bewirkt. Im Gegenteil: Meine Mutter war dünner als je zuvor, und als meine Großeltern zu Besuch kamen und ihre abgemagerte Tochter sahen, steckten sie das Kind ins Auto und fuhren wieder nach Hause. Meine Mutter fand diese Erfahrung so schrecklich, dass sie uns Kinder immer gesagt hat, wir müssen nur so viel essen, wie wir wollen. Und so wuchs ich mit einem sehr gesunden und positiven Verhältnis zum Essen auf.

Manchmal wünschte ich mir, ich würde zunehmen, aber als kurz vor meinem sechzehnten Geburtstag endlich meine Periode einsetzte und sich mein Körper hormonell umstellte, kam das mit dem Zunehmen und den Hüften von ganz alleine.

Erst als ich im Rahmen der Aufzeichnung von *Germany's Next Topmodel* unterwegs war, verschlechterte sich mein Verhältnis zum Essen. Wir waren ein Haufen junger Frauen, oder wie Heidi sagen würde: »Meeedchen«. Einige von uns waren noch sehr jung, erst sechzehn oder siebzehn Jahre alt. Ich war damals immerhin schon neunzehn. Nachdem ich die ersten Runden überstanden hatte, ging es für die letzten siebzehn Kandidatinnen nach Los Angeles, wo wir eine großartige, wenn auch ziemlich kitschige Villa in den Hollywood Hills bezogen. Dort gab es zwei riesige amerikanische Kühlschränke, die wir nach Belieben füllen durften. Aber wir durften nicht alleine einkaufen gehen. Wir durften generell nicht mehr alleine rausgehen. Als einmal ein paar von uns joggen waren, fotografierten uns Paparazzi und verkauften die Bilder an die *BILD*-Zeitung. Schlagzeile: »Sind das die Kandidatinnen fürs Finale?«

Zweimal die Woche ging es mit unserem »Aufpasser« zu *Wholefoods*, einer Bio-Supermarktkette. Der Laden war ein Traum und toller als alles, was wir *Germans* bisher gesehen hatten. Riesige, endlos lange Gänge, gefüllt mit abgefahrenen Sachen. Frischetheken mit dem besten Käse der Welt. Exotisches Obst, das wir noch nie zuvor gesehen hatten, und es gab sogar Vollkornbrot! Damals in den USA eine Rarität. Während der drei Monate, die wir für GNTM in den USA stationiert waren, mussten wir keinen einzigen Cent selbst ausgeben, und bei *Wholefoods* hat unser Aufpasser mit dem Budget von *ProSieben* bezahlt.

Für uns war das ein Traum. Wir hatten alle vorher noch kaum eigenes Geld verdient, und in diesem Supermarkt fühlten wir uns wie bei dieser Kindersendung, wo am Ende die Kinder eine Minute Zeit haben, um sich in einem Spielwarengroßhandel den Einkaufswagen vollzuladen, ohne am Ende dafür bezahlen zu müssen. Bei *Wholefoods* hatten wir nicht selten eine Gesamtrechnung über 1000 Euro. Ich frage mich heute, was sich eigentlich die Kassiererinnen dachten, wenn sich da dieser eher alternativ aussehende Mittdreißiger mit 15 gut aussehenden jungen Frauen anstellte, die alle ihre Einkaufswagen an die Kasse schoben und dann darauf warteten, dass der Typ bezahlt.

Wir wussten während der Dreharbeiten nie, was am nächsten Tag passieren würde. Es ging, außer an den Tagen, an denen wir freihatten, morgens recht früh los. Um sechs oder sieben Uhr standen Busse vor der Villa, die uns zu einer Location fuhren. Wenn man für das Fernsehen dreht, muss man alles mindestens zweimal machen, weil es entweder aus verschiedenen Perspektiven gedreht werden muss oder irgendetwas mit der Technik nicht geklappt hat. So ein Drehtag hat sich also immer ziemlich in die Länge gezogen, und wir saßen oft stundenlang irgendwo herum und warteten. 80 Prozent der Dreharbeiten bestanden für uns daraus zu warten. Zwischendurch wurden auch immer viele Interviews gedreht. Vor dem Shooting musste man erzählen, wie man sich fühlt, währenddessen sollte man erzählen, wie man sich fühlt, und danach wurde man natürlich noch mal gebeten zu erzählen, wie man sich fühlt. Gesendet wird davon nur ein Bruchteil. Wir Kandidatinnen saßen also stundenlang herum und quatschten. Und snackten.

Ich habe mal gehört, dass es in der Staffel vor unserer nach der Ausstrahlung Probleme gegeben hat. Eine Kandidatin beschwerte sich beim Sender, nicht genug zu essen bekommen zu haben. Süßigkeiten waren damals wohl nicht frei verfügbar, und die junge Frau hatte so einen starken Kaloriengrundumsatz, dass sie laut ihrer Aussage täglich mindestens eine ganze Tafel Schokolade brauchte, um nicht umzukippen.

Der Sender lernte daraus, und egal, wohin wir kamen, wir fanden dort immer ein reichhaltiges Buffet mit Süßigkeiten, Obst und Snacks vor. Das war nett gemeint, aber wir langweilten uns zu Tode und fingen alle an zu snacken. Mittags wurde Essen bestellt, oder es gab ein Buffet, und abends durften wir in Restaurants gehen und alles bestellen, was wir mochten, oder uns aus unseren vollen Kühlschränken bedienen. Manchmal gingen wir auch gemeinsam in die *Cheesecake Factory*, und dieser reichhaltige amerikanische Käsekuchen war wirklich eine Offenbarung für alle von uns. Auf der anderen Seite bewegten wir uns überhaupt nicht mehr und wurden jeden Tag mit Bussen herumkutschiert.

Das Resultat war, dass wir innerhalb der ersten sechs Wochen in Los Angeles ordentlich zunahmen. Irgendwann begann Heidi Klum sich zu wundern, spätestens beim »Bikini-Walk« fragte sie sich wohl, was da eigentlich schieflief. Sie ließ sich die Fotos und Videos vom Beginn der Sendung zeigen und merkte, dass wir alle nicht mehr so aussahen wie noch wenige Wochen zuvor.

Heidi stattete uns daraufhin einen Besuch in der Villa ab und suchte das Gespräch mit uns. Kameras begleiteten dieses Treffen, aber es wurde nie ausgestrahlt. Sie sprach uns auf unsere neu erworbenen Kilos an und erwartete mehr Ehrgeiz und Disziplin von uns. Sie erzählte uns, wie sie das mit der Ernährung handhabe: »Ihr könnt den Burger essen, aber lasst einfach das Brötchen weg. Ihr könnt so viel Salat und Gemüse essen, wie ihr wollt, aber nur einmal die Woche Pasta.« Aha! Kohlenhydrate waren also der Feind. Wir beschwerten uns, dass wir nicht mehr joggen gehen durften und fehlende Bewegung Teil des Problems sei. Heidi schnippte mit den Fingern, und drei Stunden später hatten wir zwei Premium-Laufbänder in der Villa. Wir gelobten Besserung und versprachen, dass wir uns fortan mehr Mühe geben würden.

Am selben Abend gründete ich eine kleine Sporttruppe, mit der ich morgens oder abends um den Pool und immer wieder die Treppen rauf und runter lief. Ich kaufte mir die Pilates-DVD von Barbara Becker, und wir turnten und turnten. »Leere« Kohlenhydrate standen für uns alle jetzt auf der roten Liste, und wir wollten so was am liebsten gar nicht mehr in der Küche sehen. Die Süßigkeiten am Set waren unser täglicher Kampf. Die Chips, Gummibärchen und Schokoriegel waren einfach zu verlockend. Neben der Langeweile kämpften wir an Entscheidungstagen auch mit der Nervosität. Am liebsten hätten wir alle permanent genascht, aber wir verboten es uns. Das klappte mal besser, mal schlechter. Rückblickend bekam meine Ernährung in den drei Monaten USA zum ersten Mal ungesunde Züge.

Schlimmer wurde es allerdings, als ich meinen ersten Auslandsaufenthalt als Model in Paris hatte. Das war im Frühjahr 2010. Ich war einige Wochen zuvor mit meiner Mutter und meinem Bruder in Paris gewesen, und »Rolfe« Scheider, einer der Juroren bei GNTM, der immer an mich geglaubt hatte, half mir, Termine bei den besten Modelagenturen auszumachen. Zu meinem eigenen Erstaunen war die berühmte Modelagentur »Elite Models« von mir begeistert und bot mir an, ein paar Monate zum Arbeiten in die Stadt zu kommen.

Ich flog nach Hause, vermietete meine Wohnung unter, organisierte mir eine WG in Paris, packte meine Koffer, feierte eine Abschiedsparty und flog hin. Als ich am ersten Tag voller Euphorie in die Agentur kam und sie Polaroid-Fotos von mir machten und meine Maße nahmen, verzog sich der freundliche Gesichtsausdruck meiner Agentin zu einer bedauernden Grimasse, und sie sagte: »*Darling, I'm sorry, we cannot send you to clients like this. Your hips are 95 centimeters, that's way too much.*« An der Art und Weise, wie sie *Darling* sagte, merkte ich, dass sie keine Ahnung hatte, wie mein Vorname, geschweige denn mein Nachname lautete.

Um die 2010er-Jahre herum war der *Heroin Chic* enorm angesagt, die Models konnten nicht dünn genug sein. Knochen zu sehen war en vogue. Wangenknochen, Hüftknochen, Rippen und Schlüsselbeine. Dunkle Ringe unter den Augen waren cool, dazu ein paar Piercings und Tattoos. Ich hingegen sah aus wie Schneewittchen, mit glänzenden Haaren und rosigen Bäckchen.

Während meine Agentin parallel auf ihrer Tastatur herumhackte, ratterte sie mir unmotiviert die Möglichkeiten runter: *»So, what can we do, darling? We would recommend you to fly home and work out with a personal trainer for three months and then, when you lost centimeters, you can come back.«* Als sie sah, dass das für mich keine Option war, führte sie etwas zögerlich die andere Option auf: *»Otherwise you can stay ... and work out. And when you feel good, you come to the agency and we check your measurements again.«* Es gab nur diese Option für mich. Schließlich hatte ich meiner Familie und all meinen Freunden für drei Monate Adieu gesagt, ich hatte meine Wohnung untervermietet und einen riesigen, schweren Koffer gepackt. Diese Niederlage, direkt wieder heimfliegen zu müssen, wollte und konnte ich mir nicht eingestehen und entschied mich dafür, zu bleiben. Ich wollte, dass sich schnell etwas an meinen Maßen veränderte.

Ich meldete mich bei einem Fitnessstudio an und rannte eine Woche lang wie eine Verrückte durch die Stadt. Abends, wenn ich eigentlich fix und fertig war, ging ich ins Fitnessstudio und schwitzte auch die letzten Kalorien aus mir heraus. Ich aß in dieser Woche wenig, kaum Kohlenhydrate, und den Tag bevor ich wieder gemessen werden sollte, aß ich gar nichts bis auf einen kleinen Naturjoghurt. Ich wusste, dass das mit dem Abnehmen bei mir schnell ging, und innerhalb einer Woche hatte ich tatsächlich mein Gewicht von 57 auf 54 Kilo reduziert.

Als ich mit klopfendem Herzen und knurrendem Magen wieder in die Agentur kam und meine Agentin mich über ihren Bildschirm hinweg erblickte, brauchte sie einen kurzen Moment, bis sie mich erkannte: *»Darling! You look amazing!«* Sie rief ihre Kolleg*innen: *»Pierre, Antonio, do you recognize this girl?«* Alle Agent*innen in diesem wunderschönen Büro standen von ihren Plätzen auf und applaudierten mir. »*Darling, you look great. We can see your cheekbones now. And look at this beautiful thin neck. You look so different!*« Ich konnte einfach nicht glauben, dass ich innerhalb einer Woche mein Aussehen so verändert hatte. Aber gut, drei Kilo waren drei Kilo. Ich war stolz auf mich, meinen Ehrgeiz und meine Disziplin. Mit etwas Verzögerung konnte mein Paris-Abenteuer nun endlich beginnen.

Ich bekam für jeden Tag eine lange Liste mit Castings. Teilweise bis zu acht am Tag. Ich eilte von Termin zu Termin. Ich mochte es, unter Strom zu stehen. Ich war sportlich und fühlte mich urban und wie eine echte Pariserin. Meinen Ernährungsplan hielt ich weiter recht streng ein. Ich verbat mir Süßes und schlechte Kohlenhydrate wie Weizennudeln, obwohl das eigentlich mein Lieblingsgericht war.

Der Erfolg wollte sich trotz meines Ehrgeizes nicht einstellen. Woche um Woche verstrich ohne eine einzige Jobzusage. Meine Euphorie schwand und wich dem Frust. Jedes Mal, wenn ich irgendwo in der engeren Auswahl gelandet war und es wieder nicht klappte, lief ich zum nächstgelegenen Kiosk und kaufte mir einen Schokoriegel. Ich zerkaute ihn kraftvoll, zermalmte ihn fast aggressiv zwischen meinen Zähnen und schlang ihn hinunter. Das tat gut. Eine Minute später meldete sich schon das schlechte Gewissen. Zur Bestrafung zog ich mir meine Joggingschuhe an und lief, obwohl ich todmüde war, noch eine Runde durch den Parc des Tuileries. Ich wollte die gefährlichen Kalorien wieder loswerden.

Meine Essattacken wurden immer extremer. Ich stopfte mich richtig voll, mit allem, was ich in die Hände bekam, und zurück blieben ein mattes Gefühl und Bauchschmerzen. Ich erinnere mich an das Gefühl, mit vollem Bauch joggen zu gehen. Es tat richtig weh, aber ich wollte mich für meinen Ausrutscher bestrafen. Einmal, nach einer Essattacke, versuchte ich, mir den Finger in den Hals zu stecken. Es klappte nicht auf Anhieb, und zum Glück kam ich nach ein paar Sekunden zur Vernunft und hörte auf.

Da auch meine Parisromanze gerade in die Brüche gegangen war, erklärte ich mein Paris-Projekt für gescheitert. Ich versuchte, es positiv zu betrachten. Ich hatte eine tolle Stadt kennengelernt, ich war auf abgefahrenen Partys gewesen, die es in München nicht gab, und fand es trotz der beruflichen Rückschläge cool, einmal eine echte Pariserin gewesen zu sein. Und so kam ich mit ein paar neuen, sehr modernen Fotos, die bei Testshootings mit Jungfotograf*innen entstanden waren, aber ohne Geld und mit einer Essstörung nach Hause. Meine Karriere in Deutschland wurde durch mein neues Bildmaterial aufpoliert, aber mein dysfunktionales Verhältnis zum Essen ließ sich nicht so leicht abschütteln. Ich war zwar nach Paris längst nicht mehr so dünn und verbat mir nicht alles, was Spaß machte, aber ich merkte, dass ich Essen nach wie vor als Vehikel für seelischen Trost verwendete. Und dass das nicht gesund war, war mir klar.

Erst drei Jahre später, als eine Beziehung zu Bruch ging und ich starken Liebeskummer und auch starke Essattacken hatte, begann ich endlich eine Therapie, und nach drei Sitzungen verstand ich zu unterscheiden, wann ich aß, weil ich Hunger hatte, und wann ich aß, weil es mir nicht gut ging. Mit viel Achtsamkeit und indem ich mir fortan jedes Essen erlaubte, konnte ich Schritt für Schritt wieder ein normales Verhältnis zum Essen aufbauen. Ich hatte großes Glück, denn meine Essstörung hätte sich, wie es bei vielen anderen Frauen leider der Fall ist, zu einer viel gefährlicheren oder sogar tödlichen Krankheit entwickeln können. Ich bin dankbar, dass die Therapie bei mir so schnell und erfolgreich angeschlagen hat.

Mein Verzicht auf Fleisch spielte in all der Zeit überhaupt keine Rolle. Es war einfach so, als hätte ich Gerichte mit Fleisch aus meinem Gehirn gelöscht. Von einem Tag auf den anderen war mir klar, dass die Fleischgerichte auf einer Speisekarte für mich nicht infrage kommen. Ich war so felsenfest entschlossen, kein Fleisch mehr zu essen, dass ich nicht mal darüber nachdachte, ob ich wieder anfangen würde. Kurz nach meinem Aufenthalt in Griechenland und dem einschneidenden Erlebnis dort war ich bei meinem Vater ausgerechnet zum Grillen eingeladen. Meine Brüder waren auch dort. Ich erzählte ihnen von der Dokumentation *Food Inc.*, die ich wenige Tage vorher gesehen hatte und die mir klargemacht hatte, wie grausam die Lebensbedingungen in der Massentierhaltung wirklich sind. Und ich erzählte von meinem Erlebnis in Athen. Ich gab ihnen zu verstehen, dass ich fortan kein Fleisch mehr essen und für mich nur noch Gemüse auf den Grill legen würde. Meine Brüder sahen sich an und fingen beide laut an zu lachen. Ich verstand nicht, was daran so komisch sein sollte. Sie hielten das Ganze für eine Schnapsidee, wie Neujahrsvorsätze, die man schon an Tag drei wieder bricht. So sauer und enttäuscht ich in diesem Moment war, so dankbar bin ich meinen Brüdern im Nachhinein. Ich glaube, dass sie mich mit ihrem Unglauben maximal motiviert haben. Und jedes weitere Jahr, das ich ohne Fleisch lebte, klopfte ich mir selbst gedanklich auf die Schulter, auch wenn mir bewusst war, dass da noch mehr ging. Ich aß ja weiterhin, wenn auch nicht sonderlich oft, Fisch und Meeresfrüchte.

Wenn mich jemand fragte, wie lange ich das mit dem Fleisch jetzt »durchziehen« wolle, antwortete ich: »Ich muss es nicht durchziehen, weil mir nichts fehlt. Sollte mein Körper eines Tages wieder Lust auf Fleisch haben, werde ich auch wieder welches essen. Ich verbiete mir nichts mehr.«

Dank der Therapie hatte ich einen guten Umgang mit meinem Körper gelernt. Endlich konnte ich wieder alles essen, was mir Spaß machte. Ich aß, wenn ich Hunger hatte, ich hörte auf, wenn ich satt war. Diese Bauchschmerzen, weil ich irgendetwas in mich hineingeschlungen hatte, gab es nicht mehr. Ich hatte mein Lieblingskörpergewicht gefunden, ohne etwas dafür tun zu müssen, einfach weil ich gelernt hatte, auf meinen Körper zu hören.

Wenn ich zwei Tage lang Junkfood gegessen hatte, bekam ich richtig Lust auf einen frischen, knackigen Salat. Ich konnte nun einfach ein kleines Stück einer ganzen Tafel Schokolade essen und den Rest in der Küche liegen lassen. Vorher absolut undenkbar, eine angebrochene Schokoladentafel in der Wohnung zu haben! Und ich konnte endlich wieder meine geliebten Spaghetti ohne schlechtes Gewissen essen.

Ich fühlte mich frei und gut, und ich fand zurück zu meinem Körperbewusstsein und der Freude am Essen, die ich vor GNTM hatte. Manchmal erlitt ich Rückschläge. Manchmal gab es schmerzhafte Erfahrungen. Eine Trennung, ein beruflicher Misserfolg, ein Problem in der Familie, und ich fiel zurück in alte Angewohnheiten. Aber früher oder später fand ich immer wieder heraus, und inzwischen habe ich seit vielen Jahren keinen Rückfall mehr gehabt.

Nachdem ich vier Jahre pescetarisch gelebt hatte, also nur Fisch und kein Fleisch gegessen hatte, wollte ich einen Schritt weitergehen und eine vegane Lebensweise ausprobieren. Ich wusste inzwischen, dass es für den Planeten und für die Tiere sowieso das Beste ist, überhaupt keine tierischen Produkte mehr zu essen. Kühe leiden auch in der Milch- und Käseindustrie und sind unwürdigen Bedingungen auf engstem Raum ausgesetzt. Sie werden »dauerschwanger« gemacht und überfüttert und haben alles andere als ein glückliches Leben. Was viele nicht wissen: Milchkühe werden geschlachtet, wenn sie nicht mehr genug Milch geben. Oft auch ihre männlichen Kälbchen, für die es keine Verwendung gibt. Und für Lab, für die Herstellung mancher Käsesorten, wird toten Kälbern der Magen entnommen. Es ist also nicht so, dass, wenn man vegetarisch lebt, für die eigene Ernährung keine Tiere getötet werden.

Ich kaufte mir ein veganes Kochbuch und stellte mich jeden Tag in die Küche. Essen außerhalb der eigenen vier Wände entpuppte sich als Katastrophe. Es war das Jahr 2014, und ich lebte in München. Es gab nie irgendwelche guten veganen Gerichte in Restaurants oder Imbissen. Es war damals schon schwierig, etwas Vegetarisches zu finden. Nicht selten blieb mir im Restaurant nichts anderes übrig, als Salat mit Essig und Öl und ein wenig gegrilltes Gemüse zu essen. Es war unbefriedigend. Auch zu Hause schaffte ich es selten, mir etwas zu kochen, das mich nicht nur satt, sondern auch glücklich machte. Ich bin keine sonderlich passionierte Köchin.

Ich spürte, wie ich auf einmal durch das selbst auferlegte strenge Verbot aller tierischen Lebensmittel wieder in alte Denk- und Verhaltensmuster reinrutschte. Ich fühlte mich wie damals in Paris und dachte ständig über mein Essen nach. Jeden Tag musste ich genau planen, was ich nun zu welcher Uhrzeit aß. Wenn ich beispielsweise mit Freunden einen Ausflug machte oder an den See fuhr, gab es nur zwei Optionen: vorkochen und mitnehmen oder Pommes mit Ketchup essen. Ich weiß nicht, wie oft ich in diesen veganen Wochen Pommes gegessen habe.

Es war Sommer, und ich war viel draußen unterwegs. Ich weiß noch, dass ich zu Hause oft viel mehr aß, als ich eigentlich wollte, über meinen Hunger hinaus. Einfach weil ich nicht wusste, wann ich das nächste Mal die Möglichkeit haben würde, etwas zu essen. Ich bin schnell unterzuckert, und wenn ich nicht genug esse, bekomme ich erstens miserable Laune, und zweitens wird mir dann schlagartig so übel, dass ich mich auf den Boden legen und die Beine hochlegen muss, damit ich mich nicht übergeben muss. Als Kind gab es öfter mal diese Situation, und seitdem habe ich immer ein bisschen Angst, nicht genug zu essen zu bekommen.

Ich aß aber nicht nur zu Hause vor, sondern ich snackte auch, was das Zeug hielt. Es gab zu dieser Zeit bereits vegane Schokolade und Schokoriegel, und oftmals waren meine Mahlzeiten, die ich zubereitete, so unbefriedigend, dass ich danach, egal, ob ich satt war oder nicht, noch eine Tafel Schokolade verdrückte. Ich vermisste den Käse unheimlich.

Die schönste Zeit meiner Kindheit habe ich am Gardasee verbracht. Jeden Tag gab es dort herrliches, einfaches Essen. Ein paar Tortellini, ein bisschen Butter, Salbei aus dem Garten und frisch geriebenen Parmesan. Meine ganze Familie ist verrückt nach Parmesan. Mein jüngerer Bruder Moritz und ich, wir haben als Kinder am liebsten Naturjoghurt mit Parmesanstücken gegessen. Eine Eigenkreation von uns, die wir zwischendurch aßen. Spannend, über das ganz persönliche Wohlfühlessen nachzudenken, welche Gerichte unser Leben, besonders die Kindheit prägen und welche Geschichten und Gefühle wir damit verbinden.

Mein Vater hat eigentlich nie gekocht. Aber hin und wieder hat er mir sonntagmorgens vor einem Tennispunktespiel ein Brot getoastet und dazu zwei Spiegeleier gebraten. Ein richtiges Bauernfrühstück für »echte Kerle«. Ich war stolz darauf, dass er mir so ein Powerfrühstück servierte und nicht so einen doofen Joghurt mit Obst.

Manchmal kochte mein Vater abends, zum Beispiel wenn wir von einem Urlaub zurückkamen und sonst nichts zu Hause hatten, Mirácoli-Nudeln. Diese fertige Gewürzmischung ist der Geschmack meiner Kindheit. Er machte immer nur die halbe Gewürzmischung in die Soße, dafür noch ein großes Stück Butter und drei Teelöffel Zucker. Uns Kindern schmeckte das besser als alles andere auf der Welt. Ich war immer erstaunt, dass ich, obwohl ich so viel davon aß, nach zwei Stunden wieder Hunger hatte. Wenn ich heute meine Familie vermisse, gehe ich in den Supermarkt und kaufe mir diese Mirácoli-Nudeln. Danach geht es mir immer besser.

In diesen sechs Wochen Veganismus verzichtete ich auf all mein Comfort Food und die Gerichte mit Erinnerungen. Ich verzichtete auf mein geliebtes Käsebrot, meine Spaghetti mit Parmesan und mein Lieblingseis von der Eisdiele um die Ecke.

Ich hatte gehofft, die Umstellung auf den veganen Lebensstil würde mir genauso leichtfallen wie der Verzicht auf Fleisch, aber leider ging es mir nach diesen sechs Wochen überhaupt nicht gut.

Ich hatte zugenommen, fühlte mich schwer und unzufrieden. Ich konnte nicht mehr so spontan leben wie davor, und mir gingen die ewigen Diskussionen mit den Kellner*innen und meinen Tischnachbar*innen auf die Nerven. Es war erstaunlich, wie selten Kellner*innen wussten, was eigentlich in den Speisen drin war, die sie servierten. Sobald ich fragte, ob Gericht XY vegan sei oder nicht, gingen die Diskussionen los. Obwohl, richtige Diskussionen waren es eigentlich nicht. Meistens rechtfertigten sich alle am Tisch für ihren Lebensstil, ohne dass ich ihnen irgendwelche Vorwürfe gemacht hätte. Jede*r erklärte ganz genau, wieso er oder sie das ja niiiiiemals könnte. Es interessierte mich nicht die Bohne. Ich wollte einfach über etwas anderes sprechen und mir nicht beim Essen anhören, wie sehr andere ihr Steak liebten.

Natürlich ist das noch heute so, wenn ich etwa bei einem Event eingeladen bin und wie so oft die Einzige bin, die etwas Vegetarisches serviert bekommt. Aber es wird immer normaler, dass Menschen vegetarisch leben, und immer seltener werde ich gefragt, aus welchen Gründen ich kein Fleisch esse. 2014 sah das noch ganz anders aus. Es gab kaum vegane Alternativen in Restaurants, und die wenigen Ersatzprodukte aus dem Supermarkt schmeckten schrecklich.

Aber es war nicht alles schlecht: Als ich nach diesen sechs Wochen wieder Pescetarierin wurde, übernahm ich ein paar vegane Alternativen in mein Leben. Mir wurde zum Beispiel klar, dass ich zwar nicht auf Käse verzichten kann, aber keine Kuhmilch trinken muss. Was heute zumindest in Großstädten Standard ist, war damals noch neu: Mandel- und Haferdrinks. Außerdem entdeckte ich einige vegane Joghurts für mich, die ich mochte, und meine neue Lieblingsschokolade war ebenfalls vegan. Ich fand mit immerhin ein paar veganen, neuen Angewohnheiten im Gepäck zurück zu meinem Körperbewusstsein. Diese anstrengenden Wochen haben sich also doch gelohnt.

Fast zehn Jahre lang habe ich auf Fleisch verzichtet. Einmal hatte ich in dieser Zeit einen Vitamin-B12-Mangel, den ich mit ein paar Spritzen wieder in den Griff bekam. Danach hatte ich keinen Mangel mehr bis zu meiner Fehlgeburt im Jahr 2018.

Nachdem ich das Baby zwischen der sechsten und achten Woche verloren hatte und eine Welt für mich zusammengebrochen war, musste ich mich einer Ausschabung unterziehen. Ich verlor dabei eine Menge Blut, vor allem in den Tagen nach der Ausschabung. Diese Zeit nach der Fehlgeburt war mit Sicherheit die dunkelste meines Lebens und die schwierigste unserer Beziehung. Es dauerte Monate, bis wir mit dem Verlust leben konnten und Sebastian bereit war für einen neuen Versuch.

Jede dritte Schwangerschaft endet in einer Fehlgeburt, manche so früh, dass es gar nicht bemerkt wird. Meistens ist die Ursache eine Fehlzusammenstellung der Chromosomen. Trotzdem wollte ich dieses Mal von Anfang an ganz genau sein und ließ, bevor wir es erneut versuchten, ein großes Blutbild anfertigen, um all meine Werte zu überprüfen. Ich hatte einen starken Eisenmangel, der vielleicht durch den Blutverlust bedingt war, und ich bekam Tabletten dagegen verschrieben. Außerdem versuchte ich, einige eisenreiche Lebensmittel in meinen Alltag zu integrieren. Zwei verschiedene Ärzt*innen, die ich damals konsultierte, rieten mir dazu, einmal in der Woche rotes Fleisch zu essen. Gerade in der Schwangerschaft sei das wichtig.

Das Internet war bei diesem Thema geteilter Meinung. Ich las in verschiedenen Foren viele Meinungen von Vegetarierinnen und auch Veganerinnen, die davon überzeugt waren, es wäre völlig unproblematisch, in Schwangerschaft und Stillzeit auf tierische Produkte zu verzichten.

Eigentlich glaubte ich das auch, aber meine Angst vor einer erneuten Fehlgeburt war so groß, dass ich den Rat der Ärzt*innen befolgte und so nach vielen Jahren das erste Mal wieder Fleisch aß. Ich verbrachte einen schönen Sommerabend mit Sebastian und zwei befreundeten Paaren in dem Berliner Promi-Restaurant »Borchardt«. Eigentlich mochte ich dieses Sehen und Gesehenwerden nicht, aber der Abend mit meinen Freunden war lustig, und wir lachten viel und laut. Etwas zu laut für diese Art von Restaurant. Wir bestellten irgendein ganz besonderes argentinisches Bio-Steak, das in dünnen Scheiben serviert wurde. Ich kannte mich überhaupt nicht mehr mit Fleisch aus, aber es war wohl etwas ganz Feines, wie die Rechnung am Ende des Abends deutlich machte. Mir war nur wichtig: Bio und möglichst viele rote Blutkörperchen für mein Baby.

Vor dem ersten Bissen war ich richtig nervös. Alle sahen mich erwartungsvoll an. Es fühlte sich unglaublich zäh an. Ich kaute und kaute und hatte das Gefühl, eine Schuhsohle zwischen den Zähnen zu haben. Ich blendete aus, was ich da aß. Geschmacklich war es in Ordnung, aber die Konsistenz war wirklich enttäuschend. Alle anderen am Tisch waren aber begeistert. Sie versicherten mir, es wäre ganz wunderbar zartes Fleisch. Nach diesem Abend war mir auf jeden Fall klar: Neun Jahre lang habe ich nichts verpasst in meinem Leben. Wenn mir nicht mal das sündhaft teure Edelrind besonders gut schmeckte, dann sicherlich auch sonst nichts.

Die zweite Schwangerschaft hindurch und auch in der Stillzeit aß ich gelegentlich Fleisch.

In der Schwangerschaft litt ich jedoch fast fünf Monate lang unter starker Übelkeit. Es gab viele Tage, an denen ich mich bis zu fünfmal übergeben musste. Mein Geruchssinn war so ausgeprägt, dass mir schon schlecht wurde, wenn ich nur in die Nähe des Supermarkts kam. Ich konnte monatelang vieles überhaupt nicht essen. Mit Kaffee konnte man mich jagen, und Obst und Gemüse durften nicht mal in meine Nähe kommen.

Ich wollte die ersten Monate meiner Schwangerschaft essen wie eine Elfjährige. Ich hatte Lust auf gezuckerte Cornflakes mit Kuhmilch, Pommes, Kakao und – wie sollte es anders sein – Spaghetti mit Mirácoli-Soße. Gegen Ende der Schwangerschaft hatte ich dann unglaublichen Heißhunger auf grünen Blattsalat, und ich hätte wirklich jeden Tag Lammfleisch essen können.

Ich gab all meinen Gelüsten nach. Denn erstens konnte ich eh kaum etwas anderes bei mir behalten, und zweitens war ich davon überzeugt, mein Körper wisse schon, was er tue.

Im Januar 2021 begann ich das Buch *Wir sind das Klima* von Jonathan Safran Foer zu lesen. Schon nach wenigen Kapiteln war klar, worauf er hinauswollte: Die Massentierhaltung ist eines der schlimmsten Probleme unserer Zeit und Klimakiller Nummer eins. Auf der ganzen Welt werden riesige Waldflächen gerodet, um Futterpflanzen für Tiere anzubauen. Aber nicht nur das ganze Futter ist ein Problem, sondern auch das Pupsen und Rülpsen der Rinder, Ziegen und Schafe. Hier wird enorm viel von dem Treibhausgas Methan freigesetzt, das für das Klima 21-mal schlimmer ist als CO_2.

Wie groß der Beitrag der Treibhausgase durch Nutztierhaltung wirklich ist, lässt sich nicht eindeutig ermitteln. Laut einer Studie des World Watch Institute von 2009 sind 51 Prozent der weltweiten Emissionen durch Nutzvieh entstanden.

Mehr als alle Autos, Flugzeuge, Gebäude, Kraftwerke und Fabriken zusammen.

Von heute auf morgen zu verlangen, dass sich die ganze Welt vegan ernährt, wäre zwar das Beste für den Planeten, aber völlig unrealistisch und nicht durchsetzbar.

Jonathan Safran Foer schlägt dem*r Leser*in vor, zwei von drei Mahlzeiten vegan zu gestalten. Morgens und mittags vegan, und »zur Belohnung« dürfe man dann abends essen, worauf man Lust habe. Nach diversen Berechnungen kam er zu dem Schluss, dass das besser für das Klima sei, als sich den ganzen Tag vegetarisch zu ernähren.

Ich war erstaunt von dieser These und gleichzeitig etwas enttäuscht, dass mein Pescetarierinnen-Dasein der letzten Jahre wohl doch nicht so viel gebracht hatte, wie ich mir das wünschte. Ich war süchtig nach Käse und hatte es nie geschafft, richtig vegan zu leben.

Ich war nun neu motiviert und fragte Sebastian, ob wir ab jetzt eine Mahlzeit am Tag vegan gestalten wollten. Wir aßen sowieso nur zweimal am Tag. Morgens gab es nur schwarzen Kaffee, dafür ein frühes Mittagessen, und auch abends aßen wir eher früh.

Einmal am Tag vegan zu essen, erscheint mir realistisch, ohne allzu viel Druck und Organisationsstress. Bis jetzt macht es Spaß, ist keine Einschränkung, sondern eine schöne Herausforderung, und ich bin nicht, wie beim letzten veganen Versuch, in alte toxische Denkmuster zurückgefallen.

Viele Menschen leben den Januar strikt vegan, machen einen *Veganuary* als eine Art guten Neujahrsvorsatz. Wenn das den dauerhaften Übergang zum Veganismus erleichtert oder so viele neue Angewohnheiten in den Alltag integriert werden können, ist das großartig. Leider habe ich bei Freunden, die das gemacht haben, oft eher das Gegenteil erlebt. Einen Monat lang wurde sich, wie beim Fasten, strikt eingeschränkt, und sobald der Monat vorbei war, wurde erst mal ein saftiges Steak gebraten. Es ist besser als nichts, wenn dadurch allerdings eine Art Jo-Jo-Effekt entsteht, nach dem Motto: »Jetzt darf ich wieder richtig reinhauen«, ist so ein veganer Januar eher kontraproduktiv.

Ich habe festgestellt, dass es sinnvoller ist, kleine Schritte zu gehen und diese langfristig in den Alltag zu integrieren. Auch wenn ich an Weihnachten in Zukunft vielleicht mal wieder Wild essen werde, aus Nostalgie, Höflichkeit oder weil mein Körper danach verlangt, so weiß ich inzwischen, dass ich dennoch das ganze Jahr über mein Bestes gegeben habe, indem ich eine Mahlzeit vegan und die andere weitestgehend vegetarisch/pescetarisch gestaltet habe. Ein Kompromiss, mit dem ich sehr gut leben kann, der sich nicht wie eine Einschränkung anfühlt und mir erlaubt, mit Freude meine Mahlzeiten zu genießen.

Aus meiner Essvergangenheit habe ich gelernt, dass ein gutes Verhältnis zum Essen kostbar ist. Dass unser Essverhalten uns viele Informationen über unseren seelischen Zustand gibt. Und dass es wunderschön ist, ohne schlechtes Gewissen essen zu können. Das heißt auf der einen Seite, maßvoll zu essen, keine Lebensmittel wegzuschmeißen, jedes Mahl wertzuschätzen und dankbar zu sein. Und auf der anderen Seite sich darüber klar zu werden, wie sich das eigene Essverhalten auf den Planeten auswirkt. Sein Möglichstes zu geben, um den Genuss nicht zu verlieren, aber die Auswirkungen auf die Welt zu minimieren.

KAPITEL 8

Auf die Plätze, fertig, Ehrlichkeit!

In meinem Berliner Viertel stehen an jeder Ecke Elektroscooter, es gibt eine Vielzahl Bio-Supermärkte, Yoga-Studios und Fair Fashion Shops. Hier finden regelmäßig Kleidertauschpartys statt, es gibt bei uns um die Ecke ein Repair- und Näh-Café und eine kleine Holzhütte, in der aussortierte Kinderkleidung getauscht wird. Mal abgesehen von einigen Backwaren-Ketten, kann man hier in jedem Café seinen Kaffee mit Hafer- oder Mandeldrink bestellen, und jedes Lokal bietet mindestens ein anständiges veganes Gericht an, das kein grüner Salat mit Tomaten und Radieschen ist. Familien treffen sich donnerstags am Ökomarkt, trinken deutschen Bio-Wein, kaufen unverpackt ein und fahren anschließend Kind und Kegel, warm eingepackt in Walkanzügen aus Wolle, mit dem Lastenrad nach Hause.

Meine kleine Berliner Bio-Blase. Weißer deutscher, privilegierter Wohlstand. Alle sind so wie ich. Das fühlt sich wohlig und weich an, geht mir manchmal aber auch ziemlich auf die Nerven. Nichts reibt sich, alle sind einer Meinung.

Über die Jahre bin ich auf Instagram immer öfter Accounts entfolgt, die Überkonsum promoten. Es macht mich einfach nicht glücklich, zu sehen, wie andere Frauen und Männer jeden Tag die neusten und trendigsten Outfits posten und um die Welt fliegen. Es hat mich unter Druck gesetzt. Sollte ich nicht versuchen mitzuhalten und mehr stylische Outfits posten? Wie langweilig ist eigentlich mein eigenes Leben im Vergleich zu diesen Jetsetter*innen? Bucht mich noch jemand, wenn ich so selten international arbeite?

Habe ich mich dann mal eine Weile von meinem Handy getrennt, zum Beispiel wenn ich in der Natur war, dann habe ich gemerkt, wie unwichtig diese Dinge sind. Jetzt folge ich überwiegend klugen, starken Frauen und Männern, die mich mit ihren Worten inspirieren. Die sich für Gleichberechtigung und gegen Rassismus einsetzen. Die versuchen, den Planeten ein Stück gerechter, nachhaltiger und grüner zu gestalten.

Sowohl online als auch offline bin ich jetzt also von einer kleinen grünen Blase umgeben. Und ich merke immer wieder, dass diese Blase auch eine Gefahr birgt.

Zum einen kann sie dazu führen, dass man etwas bequem wird. Ein Leben in meiner Hood fühlt sich automatisch nachhaltig an, so als ob der Lifestyle der Umgebung auf einen abfärben würde. Alle, denen man begegnet, tun anscheinend irgendetwas gegen die Klimakrise. So geht man davon aus, dass alle sich der Probleme bewusst sind und wir sie alle gemeinsam angehen.

Aber tatsächlich sind in Deutschland diejenigen, die am besten verdienen und sich theoretisch am meisten mit der Klimakrise befassen, auch die, die den größten CO_2-Ausstoß haben. Sie verbrauchen am meisten Ressourcen und unternehmen am wenigsten dagegen. Ganz schön ernüchternd. Also das Wissen um die Klimakrise, ein hohes Bildungsniveau und ein ökologisch interessiertes Umfeld sorgen noch lange nicht dafür, dass man weniger CO_2 ausstößt als der*die Durchschnittsdeutsche. Im Gegenteil, Menschen mit niedrigem Einkommen oder Menschen, die in Armut leben, können sich nicht leisten, viel zu konsumieren, viel zu fliegen und in einem großen Haus zu leben. Entsprechend tragen sie weniger zur Klimakrise bei, unabhängig davon, wie viel sie über diese wissen oder für wie dringend sie das Problem halten.

Die eigene soziokulturelle Blase sorgt nicht nur dafür, dass man bequem wird, sondern auch dafür, dass man engstirniger wird. Gerade im letzten Jahr habe ich gemerkt, wie meine Toleranz für andere, nicht nachhaltig bemühte Lebensweisen immer weiter in den Keller ging. Wie ein kleines Teufelchen saß mir eine innere Verurteilerin auf der Schulter und beurteilte alles, was von meinen Idealen abwich. Die Freunde, die für fünf Tage nach New York fliegen, der Speck aus Massentierhaltung im Kühlschrank von Familienangehörigen, der neue SUV des befreundeten Paares. Ich verurteilte innerlich, was das Zeug hielt, ließ mir aber, vor allem bei Freund*innen, absolut nichts anmerken. Ich wollte unter keinen Umständen die Öko-Polizistin werden, die andere permanent zur Rechenschaft zog. In der Vergangenheit hatte ich schon wiederholt festgestellt, dass Freundinnen mir gegenüber ganz kleinlaut wurden, wenn ich sie mal interessiert fragte, woher ihre schönen neuen Kleidungsstücke seien. Als Antwort erhielt ich oft ein piepsiges »Zara« und ein hinterhergeschobenes »Ich weiß, leider Fast Fashion«. Danach fühlen sich alle schlecht.

Ich mochte diese Rolle nie und hielt mich immer mit Kommentaren zurück. Auf solche Kleiderbeichten antwortete ich: »Ach, ist doch kein Problem.« Oder: »Alles gut, mir ist das egal.« Aber natürlich ist es mir nicht egal.

Das ist eigentlich das größte Problem am Nachhaltigkeitsaktivismus: Je mehr man sich damit beschäftigt, desto stärker wird einem bewusst, was da eigentlich für eine unfassbare Katastrophe auf uns zurollt. Je mehr man weiß und ändert, desto weniger Verständnis hat man für andere, die sich gar nicht mit dem Thema beschäftigen und ihr Leben ganz normal weiterleben.

So entstehen Konflikte. Entweder im eigenen Kopf oder zwischenmenschlich. Ich kann beides nicht empfehlen.

Bis heute habe ich kein einziges Streitgespräch zum Thema Nachhaltigkeit geführt, nach dem ich das Gefühl hatte, wirklich etwas bei meinem Gegenüber bewirkt zu haben. Ein paar dieser Diskussionen hatte ich natürlich trotzdem. Wenn das Abholzen des Regenwaldes, das Sterben der Artenvielfalt und die Massentierhaltung bedauert werden und gleichzeitig der Kühlschrank gefüllt mit Produkten ist, die das alles befördern, kann ich meine Klappe einfach nicht halten. Oder wenn ich Fragen höre wie: »Warum sollen wir hier den Müll trennen, wenn er in Indien auf die Straße geworfen wird?« Oder: »Wenn sich diese Greta so für Umweltschutz einsetzt, warum fliegt sie dann um die Welt?« Oder: »Was bringt das, wenn ich mich verändere, wenn die großen Konzerne machen, was sie wollen?« Dann erhöht sich meine Betriebstemperatur schnell auf 180, und die Gegenargumente poltern nur so aus mir heraus.

Oft werde ich auch emotional bei diesen Themen. Die Ungerechtigkeiten, die in der Welt passieren, gehen mir so an die Substanz, dass ich es manchmal einfach nicht schaffe, sachlich zu bleiben. Viele Frauen werden das kennen: diese Wut darüber, wenn man in der Diskussion emotional wird und so Gefahr läuft, nicht ernst genommen oder mit einem gedanklichen »die hat wohl ihre Tage« abgetan zu werden.

Damit Menschen wirklich etwas in ihrem Alltag verändern, muss jedem das Thema an die Substanz gehen. Schaffen wir das, indem wir uns gegenseitig vorwerfen, wer mehr oder weniger für den Klimaschutz tut? Natürlich nicht. Manchmal habe ich sogar das Gefühl, dass eher das Gegenteil passiert. Dass daraus eine Trotzreaktion entsteht. Ich kann das sogar nachvollziehen. Wenn mir jemand vorschreiben möchte, dass ich mich hier oder da in meinem Leben einschränken soll und welche Stellschrauben ich zu drehen habe, schalte ich auf Durchzug. Das fühlt sich nach Freiheitsberaubung an. Freiheit ist eines unserer höchsten Güter, und wir wollen uns weder von Freund*innen noch von Familienangehörigen und erst recht nicht von der Politik oder den Medien vorschreiben lassen, wie wir zu leben haben. Doch wenn wir von Freiheit reden, müssen wir auch zukünftige Generationen im Blick behalten. Wir haben einen Generationenvertrag mit der nächsten Generation. Diese soll unsere Rente bezahlen. Sollten wir dieser Generation dann nicht einen Planeten hinterlassen, der ihnen die Freiheit gibt, so zu leben, dass der Vertrag aufgeht?

Vor der Geburt meines Sohnes gab ich mir viel Mühe, nachhaltiger zu leben. Ich hatte die Zeit, mich mit vielen Dingen zu beschäftigen, alte Verhaltensmuster zu durchbrechen und neue in mein Leben zu integrieren. Ich richtete das Kinderzimmer mit Sachen ein, die ich nach langer Suche bei eBay Kleinanzeigen gebraucht gekauft hatte. Ich lieh mir bei Freundinnen die Babykleidung für die ersten Monate, und sechs Wochen vor der Geburt kaufte ich mir eine Nähmaschine und begann, Sachen für mein Baby zu nähen.

Als dann im April 2020 mein Sohn auf die Welt kam, änderte sich schlagartig alles. So schön und magisch diese Anfangszeit war, so fordernd war sie für uns. Der Kleine hing durchgehend an meiner Brust, konnte nicht abgelegt und erst recht nicht tagsüber zum Schlafen gebracht werden. Sebastian musste den Kleinen jeden Tag, auch bei 40 Grad Hitze, stundenlang in der Trage durch die Gegend tragen, und jeden Abend schrie sich der kleine Wurm in den Schlaf.

Wir gingen diese ersten Monate beide auf dem Zahnfleisch und warfen ganz schnell einige Nachhaltigkeitsangewohnheiten über den Haufen. Wir gaben uns beim Trennen des Mülls keine Mühe mehr, aßen jeden Tag Essen vom Lieferdienst aus Plastikverpackungen, ich nahm den To-go-Becher nicht mehr mit, wir bestellten Sachen für das Baby, die wir schnell brauchten, bei Amazon und scheiterten grandios an den Stoffwindeln. Wir schafften so wenig jeden Tag, dass wir nicht wussten, wie wir es jemals schaffen sollten, neben dem Baby wieder zu arbeiten. Aber es wurde mit dem vierten Monat schlagartig besser. Und so befasste ich mich nach dieser Zeit erstmals damit, welche nachhaltigen Stellschrauben eigentlich die letzten Monate gelitten hatten. Es waren einige. Ich ärgerte mich. Ich hatte mir mühsam antrainiert, immer an meinen Thermobecher und meine Trinkflasche zu denken, und nun war diese Routine einfach weg, und ich musste wieder von vorne anfangen. Ich war frustriert und versuchte erst gar nicht, mich wieder zu bessern.

Zu sehen, wie schnell äußere Faktoren mich wieder in ein weniger nachhaltiges Leben katapultierten, machte mir klar, wie wenig es mir zusteht, über andere und deren Lebensstil zu urteilen. Und so verabschiedete sich langsam, aber stetig das kleine Teufelchen von meiner Schulter und aus meinem Kopf.

Ich verstand, dass ich bei anderen immer nur einen Teil der Wahrheit sehe. Ich weiß nicht, mit welchen Teufelchen sie leben. Ich weiß nicht, mit welcher Vergangenheit sie leben, mit welchen schönen Erinnerungen und welchen Traumata. Welche Schwierigkeiten ihr Alltag mit sich bringt. Wie viel Zeit sie wirklich haben, sich mit Nachhaltigkeit zu befassen. Und ich weiß nicht, wo sie sich vielleicht schon lange einschränken, wo sie mit Kompromissen leben. Wenn ich jemanden auf der Straße mit einer Currywurst in der Hand sehe, denke ich: »Diese Person scheint in puncto Ernährung nicht nachhaltig leben zu wollen.« Aber wer weiß? Vielleicht isst diese Person nie Fleisch, mit der Ausnahme dieser einen Currywurst im Monat. Es steht mir nicht zu, von mir auf andere zu schließen, genauso wie ich nicht möchte, dass andere von mir erwarten, dass ich immer alles perfekt mache.

Meine Blase identifizieren, andere Lebensmodelle gelten lassen und nicht vorzuverurteilen – das alles habe ich letztes Jahr gelernt. Wenn ich jetzt merke, dass die Kritikerin in meinem Kopf loslegt, dann bremse ich sie beim ersten Gedanken. Das klingt vielleicht merkwürdig. Wie soll man steuern, was man denkt? Aber ich habe die Erfahrung gemacht, dass es durchaus möglich ist, seine eigenen Gedanken zu steuern. Von einer Therapeutin habe ich einmal gelernt, mir vorzustellen, aus mir herauszutreten und mich und meine Gedanken von oben zu betrachten. Man kann lernen, sich beim Denken zuzuhören. Das verlangt Ruhe und Konzentration, aber es geht. Auch bei der geführten Meditation kann man die eigenen Gedanken betrachten und weiterziehen lassen.

Auch im Kampf für mehr Nachhaltigkeit ist es unglaublich wichtig, andere nicht zu verurteilen und gnädig mit sich selbst zu sein. Während ich schon an diesem Buch schrieb, die ersten Monate mit Baby, ging ich zwar sehr positiv mit meinem Körper um, aber verurteilte mich trotzdem ständig selbst. Und zwar dafür, dass ich nicht permanent daran »arbeitete«, nachhaltiger zu leben. »Jetzt schreibst du ein Buch über Nachhaltigkeit und bestellst ständig irgendwas bei Amazon.« »Jetzt schreibst du ein Buch über Nachhaltigkeit und isst jede Mahlzeit aus Plastikverpackungen.« »Du spielst dich als große Nachhaltigkeitsexpertin auf und isst heimlich Fleisch, bravo!« Und so weiter und so weiter.

Im Nachhinein frage ich mich: Was hat es gebracht? Es hat nicht dazu geführt, dass ich eine meiner »schlechten« Gewohnheiten abgelegt habe, weil es mir in diesem Moment nicht möglich war. Es führte nur dazu, dass ich mich miserabel fühlte, in eine Art Schockstarre verfiel und einfach gar nichts unternahm. Erst als ich einige Monate nach der Geburt meinen Frieden damit schloss und akzeptierte, dass das nun einmal der Status quo war, wurde es besser. Ich sprach in einem Interview für ein grünes Magazin über mein Scheitern der letzten Monate, teilte es auf Instagram, und das fühlte sich echt gut an. Und sehr befreiend!

Diese Ehrlichkeit mit mir selbst gab mir den Schwung, wieder neu an das Thema heranzugehen. Ich hatte Kraft und Energie, ich sah Vorbilder bei Instagram, las wieder Nachrichten und guckte Filme zum Thema. Und dann war es so wie beim Sport. Wenn man einmal sportlich war, erinnert sich der Körper an die Muskeln und baut sie schneller wieder auf, und so kehrten langsam die »guten« Routinen in den Alltag zurück und an der einen oder anderen Stelle konnte ich mich noch verbessern.

Ich denke, das sollte immer der Startpunkt einer Veränderung sein: sich erst mal offen und ehrlich einzugestehen, was der eigene Status quo ist. Erst neulich habe ich das Gegenteil erlebt. Ich führte eine wohl sinnlose Debatte über Nachhaltigkeit und Einschränkungen mit einer Bekannten. Die Person behauptete, sie schränke sich bereits stark ein und kaufe ausschließlich Bio. Nach der Diskussion, als ich mir etwas zu trinken nahm, warf ich einen Blick in den Kühlschrank. Es stimmte einfach nicht. Im Kühlschrank befanden sich nicht nur fast ausschließlich Produkte ohne Bio-Siegel, sondern auch Fleischprodukte aus der Massentierhaltung.

Ich weiß, dass es ein Privileg ist, überwiegend Bioprodukte zu konsumieren, und sich das nicht jede*r leisten kann oder will, und freue mich auch, wenn jemand sagt: »Ich achte zumindest beim Fleisch darauf, woher es kommt.« Es geht nicht darum, dass wir alle alles perfekt machen müssen. Es geht darum, ehrlich zu sein. Mit sich selbst und gegenüber anderen. Denn nur so können wir uns offen damit auseinandersetzen, wo wir aktuell stehen, und auch andere dazu bringen, etwas zu verändern. Und dann geht es Schritt für Schritt. Jede*r in seiner*ihrer Geschwindigkeit.

Im Januar 2019 postete Greta Thunberg, die jüngste und aktuell berühmteste Klimaaktivistin der Welt, ein Foto aus der Deutschen Bahn. All ihre Reisen innerhalb Europas bestritt sie, trotz des vollsten Terminkalenders, den eine Sechzehnjährige haben kann, mit der Bahn, statt zu fliegen. Nicht etwa, weil sie Flugangst hat, sondern um CO_2 einzusparen, um mit einem guten Beispiel voranzugehen.

Nun sehen wir auf diesem Foto von 2019 eine junge Frau, die auf einer ihrer zahlreichen ökologischen Reisen im Zug eine provisorische Mahlzeit isst. Auf dem Tisch vor ihr stehen zwei Thermo-Trinkflaschen, ein Coffee-to-go-Becher aus Pappe, ein veganer Salat in Plastikverpackung, eine Packung Toastbrot und zwei Bananen. Die Kommentare darunter:

»Lots of plastic! (drei kotzende Emojis) fuck greta«

»Greta soll sich an der eigenen nase fassen und nicht von anderen verlangen nachhaltig zu leben und dann selber zeug in Plastik kaufen (emoji wütend)«

»Haha das ich nich lache erst gegen Plastik sein und selbst nicht besser machen How dare you?!! (lachender emoji)«

Jeder einzelne dieser Kommentare macht mich unfassbar wütend. Natürlich hat Greta eine Vorbildfunktion. Aber erstens hat sie wie kaum jemand anders eine ganze Generation mobilisiert, sich für Klimaschutz einzusetzen. Zweitens isst sie offensichtlich vegan, womit sie schon mehr tut als ungefähr 95 % aller Menschen, und drittens reist Greta Thunberg ungefähr 300 Tage im Jahr um die Welt, um sich für den Klimaschutz einzusetzen, sie hält Reden vor den Vereinten Nationen, gibt Hunderte Interviews im Jahr und geht trotzdem jeden Freitag auf die Straße, um zu demonstrieren, egal, in welcher Stadt sie sich gerade befindet. Es ist bescheuert zu glauben, dass diese Greta Thunberg in irgendeiner Stadt, in der sie sich vielleicht gerade mal drei Stunden aufgehalten hat, Zeit gehabt hätte, sich in einem Kongresshinterzimmer auf dem Campingkocher eine eigene Mahlzeit für den Zug vorzukochen. Lasst uns lieber daran arbeiten, dass es an Bahnhöfen mehr Unverpacktes zu kaufen gibt, damit diese Option allen Reisenden offensteht, statt Menschen zu verurteilen, die aus Zeitgründen auf diese Lebensmittelauswahl zurückgreifen müssen.

Klimaaktivist*innen haben es in den sozialen Medien so schwer, weil sie den Menschen bewusst machen, wovor sie ihre Augen im Alltag verschließen. Greta Thunberg und die *Fridays for Future*-Aktivist*innen haben immer die Politik und die großen Konzerne adressiert. Dennoch fühlen sich viele von ihnen auf den Schlips getreten, weil sie durch sie mit einer Wahrheit konfrontiert werden, die sie nicht hören wollen: Wir bewegen uns auf die größte menschengemachte Katastrophe der Geschichte des Planeten zu, und es passiert zu wenig, um diese Katastrophe aufzuhalten. Und auch wenn *Fridays for Future* die Zivilgesellschaft nicht direkt adressiert, wissen wir doch alle, dass wir mit unserem täglichen Handeln zu der Katastrophe beitragen.

Ich werde regelmäßig von Bekannten oder auch in Interviews gefragt, ob es nicht wahnsinnig anstrengend sei, ständig von meiner Community beobachtet zu werden, und ob ich nicht permanent Shitstorms ausgesetzt bin, wenn ich nicht perfekt nachhaltig lebe. Ich habe aber die Erfahrung gemacht, dass man mit Ehrlichkeit ganz gut fährt. Niemand mag perfekte Vorbilder. Warum sonst gibt es unzählige Klatschmagazine im Supermarkt zu kaufen, die mit nichts anderem gefüllt sind als mit Geschichten über die vermeintlichen Verfehlungen irgendwelcher Hollywoodstars.

Auf der einen Seite wünschen wir uns Stars und Vorbilder, zu denen wir aufblicken können. Die mit perfekten Kleidern, Körpern und Frisuren über den roten Teppich schreiten, die klug und reich sind und extrem erfolgreich. Und auf der anderen Seite freuen wir uns heimlich darüber, wenn diese Stars alltägliche Probleme haben, die uns vertraut vorkommen. Dellen im Po, zu viele Weihnachtsplätzchen genascht, schmerzliche Trennungen und Rosenkriege.

Wir wollen uns mit Prominenten identifizieren können. Ein Teil von ihnen soll uns nah sein und andersherum. Das ist absolut menschlich. Denn sollte es Menschen geben, die wirklich ein perfektes Leben führen und alles richtig machen, wie frustrierend wäre diese Wahrheit für unser eigenes unperfektes Leben? Deshalb lauern wir nur darauf, an einem scheinbar perfekten Vorbild etwas zu entdecken, das nicht perfekt ist. Und dann stürzen wir uns darauf.

Bei der Debatte um das Klima scheint es manchmal aber auch nur darum zu gehen, zurückzuschießen. Die Konfrontation mit der Tatsache, dass man ein Leben führt, das folgenden Generationen einen Planeten hinterlässt, der unbewohnbar sein wird, ist für viele ein Schlag ins Gesicht. Da es sich wohl so anfühlt, als würden die Aktivist*innen diesen Schlag ausführen, bekommen sie als Dank gerne ein paar Boxhiebe zurück. Die Gefahr solcher Plattformen wie Instagram und Twitter ist in meinen Augen nicht, dass jede*r eine Stimme hat, sondern dass alles so schnell geht und zu wenig darüber nachgedacht wird, was eigentlich kommentiert, geliket und geswipet wird.

Eine Portion Neid spielt auch häufig eine Rolle. Instagram lebt ja förmlich vom Neid. Und so ist es nicht verwunderlich, dass Personen, die sich scheinbar moralisch über andere erheben und vielleicht noch mit erhobenem Zeigefinger ermahnen, die ersten sind, die abgewertet werden, wenn sich die Gelegenheit bietet.

Je mehr man sich also öffentlich als perfekt »nachhaltig« darstellt, desto höher ist das Potenzial eines Shitstorms, wenn man es dann einmal nicht ist. Und so wählen die meisten Influencer*innen den sicheren Weg und sprechen nicht über das wahrscheinlich wichtigste Thema unserer Zeit: die Klimakrise.

Ich spreche beziehungsweise schreibe übrigens bewusst nicht vom Klimawandel, sondern von der Klimakrise. Denn ein Wandel ist in meinen Augen etwas, das immer und ständig um uns herum passiert. Etwas, das man nicht aufhalten kann und soll, denn ein Wandel ist ja auch oft etwas Positives. Wir befinden uns allerdings in einer ernst zu nehmenden Krise, von der schon heute viele Menschen betroffen sind.

Ich habe für meine Plattformen den anstrengenderen Weg gewählt und spreche dort die Themen unserer Zeit an. Ich habe aber bewusst Dinge, bei denen ich Kompromisse eingehe oder versage oder die ich falsch eingeordnet habe, offen thematisiert. Ich hätte das auch einfach auslassen können. Sosehr man auch versucht, die Wirklichkeit darzustellen, ist so ein Profil doch immer eine inszenierte Momentaufnahme. Allein dadurch, dass man entscheidet, welche Momente des eigenen Lebens auf Instagram stattfinden sollen und welche nicht, selektiert man und zeigt nicht alle Facetten des eigenen Lebens fernab der Plattform.

Diese unperfekten Momente zu dokumentieren, hat wohl einige Menschen motiviert, selbst ein Thema in ihrem Alltag anzugehen. Viele Nachrichten haben mir das bestätigt, und ich war und bin sehr froh darüber. Auch darüber, dass ich nicht ständig Shitstorms über mich ergehen lassen muss. Die eine oder andere negative Nachricht nehme ich in Kauf, etwa wenn ich mich zu einem Thema positioniere, bei dem die Meinungen stark auseinandergehen und ich gar nicht allen gefallen kann. Ich lese meist alle Nachrichten und lerne auch immer wieder von meiner Community dazu, aber manchmal sind auch fiese Nachrichten dabei, dann wünsche ich mir im Nachhinein, ich hätte sie nicht gelesen. Wenn ich die App schließe, kann ich diese digitale Welt auch gut digitale Welt sein lassen und ärgere mich meist nicht mehr lang darüber.

2019 bekam ich die erfreuliche Nachricht, dass ich für den »PLACE TO B Award« der *BILD* nominiert war. Das ist ein Preis, der Influencer*innen aus unterschiedlichsten Kategorien auszeichnet, und ich war in der Kategorie »Nachhaltigkeit« nominiert. Ich freute mich darüber, war aber unsicher, ob ich zu der Preisverleihung gehen sollte. Viele meiner Follower*innen, aber auch Freund*innen und Kolleg*innen sind nicht gerade begeistert von der *BILD*-Zeitung. Als Medium betrachte ich sie auch kritisch, aber ich sah in dieser Veranstaltung eine Chance. Klar hatte ich Lust, einen Preis abzuräumen, aber viel wichtiger war mir die Möglichkeit, eventuell vor einem Saal mit lauter bekannten Influencer*innen zu stehen, die ein Vielfaches meiner Reichweite haben.

Ich konnte diese Gelegenheit nutzen und versuchen, diese Einflussnehmer*innen zu beeinflussen. Vielleicht war das die Gelegenheit, die unkritischen von ihnen zu motivieren, sich mehr für wichtige Themen wie den Klimaschutz einzusetzen. Denn die grünen und nachhaltigen Influencer*innen hatten meist nicht mehr als 100.000 Follower*innen. Ein paar wenige, kleine Fische. Die ganz großen Fische, mit mehreren Millionen Follower*innen, waren meist die, die wenig kritisch auftraten. Ende 2019 wurde auch gerade Fremdenhass, geschürt durch die Stimmungsmache der AfD, wieder salonfähig, und das Land schien sich stärker zu spalten. So viele wichtige Themen, über die diese Menschen auf ihren Kanälen berichten konnten, aufklären und zu einer besseren Welt beitragen!

Ich ging zu dieser Verleihung mit einer ausformulierten Rede im Gepäck, an der ich zwei Tage getüftelt hatte. Meine Kategorie war eine der letzten, und keine*r der Gewinner*innen, die auf die Bühne kamen, hielt eine richtige Rede. Doch, eine! Anna Wilken, ehemalige GNTM-Kandidatin, die sich im Netz für das Thema Endometriose einsetzt, hielt eine ergreifende und emotionale Rede.

Als meine Kategorie an die Reihe kam, war ich sehr nervös. Ich wusste nicht, wer gewinnen würde. Ich wusste auch nicht, ob ich die Rede überhaupt halten sollte oder ob das nicht völlig deplatziert wirkte, auf dieser unterhaltsamen und etwas quatschig glitzernden Veranstaltung. Ich gewann den Preis, und auf dem Weg zur Bühne nahm ich all meinen Mut zusammen und hielt folgende Rede:

Heute Abend sind sehr viele Menschen hier, die einen enormen Einfluss durch die Reichweite verschiedener Medien haben. Viel größere Reichweiten, als ich wahrscheinlich jemals haben werde.

Ich wollte diese Gelegenheit für einen kleinen Aufruf nutzen: Ich wünsche mir so sehr, dass wir alle mehr Mut haben, unsere Stimme für Themen einzusetzen, die tiefer gehen als das, wofür zum Beispiel Instagram in der breiten Masse immer noch steht. Ich weiß aus eigener Erfahrung, dass es eine Menge Mut erfordert, kritisch zu sein oder sich politisch zu äußern. Aber in Zeiten, in denen eine Partei, die alles andere als weltoffen und tolerant ist, so eine Macht hat, muss man sich bekennen. Weil Schweigen zustimmen heißt. Auch weil diese Partei ein neues Thema für sich entdeckt hat, nämlich den Klimawandel zu leugnen.

Unsere Erde ist gerade auf dem besten Weg, von uns zerstört zu werden. Grund dafür ist vor allem die Lust auf schöne neue Dinge, die viele von uns täglich befeuern. Und ich frage mich, was wollen wir unseren Enkel*innen eigentlich erzählen, wenn sie uns danach fragen, was wir damals getan haben, als klar wurde: Wir steuern auf eine Klimakatastrophe zu?

Ich glaube, wir sind oft unkritisch, weil wir Angst davor haben, etwas Falsches zu sagen. Aber man muss weder aktiv einer Partei angehören, noch jeden Tag die Zeitung lesen, um zu wissen, dass unsere Demokratie und unsere Meinungsfreiheit Werte sind, die man beschützen muss.

Wir alle haben Angst vor Shitstorms. Angst davor, angegriffen zu werden, wenn wir heute über den brennenden Amazonas eine Story hochladen und morgen in den Flieger nach Paris steigen. Ich kann euch nur sagen: Scheißt auf die.

Scheißt auf diese Leute, die nach Fehlern suchen und sich nur mit zwei Dingen zufriedengeben: den unkritischen Influencern und Influencerinnen, die in ihrer Heile-Welt-Bubble leben und sich zu nichts äußern, oder den Aktivisten und Aktivistinnen, die zu 100 Prozent alles richtig machen. Gebt den Hatern keinen Raum. Fangt irgendwo an. Niemand ist perfekt! Und lasst uns versuchen, mit kleinen Schritten die Welt ein wenig nachhaltiger, toleranter und freier zu gestalten.

Und zum Schluss mein Lieblingszitat aus *Spiderman*: »Aus großer Kraft folgt große Verantwortung.«

Während ich die Rede hielt, musste ich immer wieder zu dem Tisch gucken, der am nächsten an der Bühne stand. Dort saß ein bekannter DJ, der eine Menge Follower*innen hat. Sobald ich zu reden begann, nahm er sein Handy raus und tippte darauf rum. Er sah während der gesamten Rede kein einziges

Mal zu mir hoch. Ich ritt schneller durch meinen Text, als ich es mir vorgenommen hatte. Doch als ich fertig war, gab es großen Applaus, und erleichtert und stolz ging ich von der Bühne.

Am nächsten Tag gab es ein schönes Presseecho, und meine Rede wurde hier und da zitiert. Ich freute mich darüber. Was aber in dem Saal wirklich bei den Influencer*innen vor Ort ankam, wusste ich nicht. Und ich wusste auch nicht, ob sich daraufhin jemand dazu entschied, fortan mehr wichtigen Themen auf Instagram Platz einzuräumen. Egal ob Influencer*in oder nicht: Mit wie viel Achtsamkeit und Bewusstsein will man durch das Leben gehen? Im Gegensatz zu einer Pandemie, die uns im täglichen Leben so einschränkt, dass wir die Augen nicht vor den Tatsachen verschließen können (bis auf ein paar verrückte Leugner*innen …), geht das bei der Klimakrise nach wie vor sehr gut. Wir können weggucken, ignorieren, still und heimlich hoffen, dass andere das Problem für uns lösen, oder wir sehen hin, ziehen die rosarote Brille ab und setzen uns ernsthaft und ehrlich damit auseinander, was für ein Leben wir eigentlich führen.

KAPITEL 9

Under Pressure

In den 90er-Jahren kam bei mir und meinen Klassenkameradinnen ein Hype um eine Comicfigur auf: die »Diddl-Maus«. Diese süße Springmaus mit überdimensional großen Ohren und Füßen entsprang aber keinem Comic, sondern wurde nur für den Verkauf von Spielzeugen, Federmäppchen, Anhängern und vielem mehr erschaffen. Sie ließ sich herrlich nachzeichnen, am besten gleich auf den Diddl-Maus-Schreibblöcken. Es gab eine enorme Anzahl von Schreibblöcken, auf denen unterschiedliche Diddl-Motive abgebildet waren. Ein Block hatte aber auf jeder Seite das gleiche Motiv. In unserem örtlichen Schreibwarenladen gab es meist Diddl mit Zahnbürste im DIN-A5-Format oder Diddl mit dem Drachen in DIN A4.

So wie die Jungs in der Schule Panini-Heftchen mit Stickern von Fußballstars beklebten, sammelten wir Mädchen nun Diddl-Blätter. Während andere Klassenkameradinnen ausgefallene Diddl-Blätter von irgendwelchen Reisen oder Besuchen von der Verwandtschaft mitbrachten, besaß ich nur meine zwei Blöcke aus dem Gautinger Schreibwarenladen. In der Schule wurde jede Pause dazu genutzt, die eigene Sammlung vorzuzeigen und Tauschgeschäfte anzubahnen. Meine

Blätter wollte natürlich niemand haben, weil es die wie Sand am Meer gab. Mit ein wenig Überzeugungsarbeit brachte ich immerhin ein paar Freundinnen dazu, mir von ihrer Sammlung ein Blatt abzugeben.

Ich legte mir, so wie meine Klassenkameradinnen, eine große Sammelmappe zu und pries in jeder unterrichtsfreien Minute meinen Mitschülerinnen meine Ware an. Ich erzählte wilde, frei erfundene Geschichten, wieso dieses Blatt ganz besonders rar sei, und tauschte zwei gegen eins, drei gegen eins. Da entstand ein richtiger Kuhhandel! Ich konzentrierte mich erst auf die Masse und versuchte, viele Blätter von einem Motiv zu sammeln. Dann tauschte ich diese gegen eine Rarität. Wenn ein Mädchen aus der Klasse von einem Urlaub zurückkam und einen Block mitbrachte, den noch keine von uns zuvor gesehen hatte, war das spektakulär, und diese Information verbreitete sich in den Klassen wie ein Lauffeuer. Dieses Mädchen wurde in der Pause dann von Dutzenden Mitschülerinnen belagert, die sie um ihre Blätter anbettelten. Ich wusste genau, welche Mädchen beim Betteln weich wurden und welchen man im Gegenzug etwas anbieten musste. Der Plan ging auf.

Irgendwann reichte meine Mappe nicht mehr aus, und ich legte mir eine zweite zu. Auch die war innerhalb kürzester Zeit prall gefüllt. Jeden Tag schleppte ich diese zwei schweren Mappen in meinem Scout-Schulranzen mit in die Schule. Ich wollte jedes einzelne Motiv besitzen. Irgendwann hatte ich es geschafft: Ich war die Diddl-Königin, und niemand besaß ein Blatt, das ich nicht schon in meinem Besitz hatte. Das Spiel, der Handel war vorbei, stolz und zufrieden blätterte ich meine Mappen in meinem Kinderzimmer durch. Aber was sollte ich nun mit meiner Sammlung anfangen? Jeden Tag aus dem Regal ziehen und betrachten? Auf dem Schulhof damit angeben? Die Blätter zum Schreiben benutzen?

Auf keinen Fall! Am nächsten Tag ging ich in die Schule und verschenkte alle Blätter. Die Mädchen flippten aus! Ich verteilte die Blätter so gerecht wie möglich und fühlte mich wie Robin Hood. Es war unglaublich befreiend, und es fühlte sich so gut an, etwas zurückzugeben, denn ohne meine großzügigen Freundinnen, die mir am Anfang Blätter schenkten, hätte ich mir mein kleines Diddl-Imperium nicht aufbauen können.

Es gibt immer mehr Unternehmen, die versuchen, Robin-Hood-like zu agieren. Ich denke da zum Beispiel an SHARE. Ein beeindruckendes Start-up, das Lebensmittel, Hygieneprodukte, Schreibwarenartikel und Getränke anbietet. Sie verfolgen eine Eins-zu-eins-Mission. Für jedes verkaufte Produkt wird parallel für einen Menschen in Not etwas Gutes getan. Durch den Kauf eines Bio-Nussriegels wird zum Beispiel ein Mensch mit einer Mahlzeit versorgt. Ich denke auch an das Kaffeeunternehmen *Nuru Coffee* meiner Kollegin Sara Nuru. Für jede verkaufte Packung Kaffee werden Frauen in Äthiopien dabei unterstützt, sich eine selbstständige Existenz aufzubauen.

Wenn ich von solchen Unternehmensgründungen lese, habe ich Hoffnung. Die Hoffnung, dass Wirtschaften in Zukunft auch immer heißen wird, etwas zurückzugeben. Aber es gibt auch Unternehmen, die sich mit einer Spendenaktion vor allem ein positives Image zulegen möchten. Die nicht wie *Share* und *Nuru Coffee* bereits in der Produktion fair und nachhaltig agieren. Etwas zurückgeben heißt auch, alle Arbeiter*innen fair zu bezahlen und unsere Erde nicht zu zerstören.

Dieses Buch dreht sich sehr um das eigene, persönliche Handeln, aber ein großer Teil der Verantwortung, wenn es um die Rettung unseres Planeten geht, liegt bei den Unternehmen und der Politik. Wenn ich früher nach der Verantwortung in der Modebranche gefragt wurde, sprach ich von einer 33 %-33 %-33 % Aufteilung. Ein Drittel der Verantwortung liegt bei der Politik, die richtigen Gesetze, Verbote und Anreize zu schaffen. Ein Drittel gilt den Unternehmen, die Verantwortung für ihre gesamte Lieferkette übernehmen müssen, und das letzte Drittel betrifft die Konsument*innen, die den Markt mitgestalten, indem sie sich informieren und die richtigen Kaufentscheidungen treffen.

Doch je mehr Diskussionen ich zum Thema Fairness in der Modebranche miterlebte und je weniger sich auf politischer und unternehmerischer Ebene tat, während immer weiter Greenwashing betrieben wurde, für desto kleiner hielt ich den Anteil der Verantwortung, der bei uns Konsument*innen liegt.

Es herrscht einfach viel zu wenig Transparenz! Nicht nur in der Modebranche, sondern auch in vielen anderen Bereichen. Wer weiß schon, unter welchen Bedingungen die technischen Geräte produziert werden, die wir täglich benutzen? Wer weiß, wie ökologisch das Sofa hergestellt wurde, auf dem wir jeden Abend sitzen? In sehr vielen Bereichen des Lebens ist es schlicht unmöglich, eine durchdachte und gute Kaufentscheidung zu treffen. Wäre es nicht an der Politik, Transparenz in allen Bereichen, in denen wir Güter konsumieren, zum Gesetz zu machen? Greenwashing zu verbieten? Aufzuklären?

Ein sehr vorsichtiger Versuch der Politik, Licht ins Dunkel der Modebranche zu bringen, startete mit dem staatlichen Siegel »Der Grüne Knopf«. Dieser sollte fortan faire und nachhaltige von unfairen und wenig nachhaltigen Marken unterscheiden. Ein guter Gedanke, nur leider ist das Siegel nicht Pflicht für alle, man kann also nicht zwischen fairen und unfairen Marken unterscheiden, sondern sieht lediglich, wer es besser macht.

Leider sind immer noch so wenige Marken beim Grünen Knopf dabei, dass er nicht zur Transparenz beiträgt und in der breiten Masse völlig unbekannt ist. Ein weiterer Kritikpunkt am Grünen Knopf ist, dass sich das Siegel (Stand Februar 2021) noch nicht auf alle Produktionsschritte wie zum Beispiel den Anbau der Rohfaser bezieht, sondern nur auf »Bleichen und Färben« und »Zuschneiden und Nähen«. Sehr große Probleme in der Textilbranche wie die Ausbeutung der Arbeiter*innen auf den Baumwollplantagen werden (noch) ausgeklammert.

Natürlich ist der Grüne Knopf besser als nichts, konsequenter wäre aber ein Gesetz, das die Missachtung der Menschenrechte entlang der Lieferkette strafbar macht. Lange wurde ein Lieferkettengesetz diskutiert. Hier geht es darum, dass Unternehmen endlich die Sorgfaltspflicht für ihre gesamte Lieferkette übernehmen sollen und Menschenrechte einhalten müssen. Immer wieder kam das Argument, das würde die Wirtschaft nicht verkraften. Wenn man allerdings nach Frankreich blickt, wo es ein solches Gesetz schon seit einigen Jahren gibt, hat sich diese Sorge nicht bestätigt. Man sollte meinen, dass es längst Standard ist, dass Unternehmen diese Verantwortung tragen. Leider nicht. Ein Beispiel: Im September 2012 starben 258 Arbeiter*innen bei einem Brand in einer Textilfabrik in Pakistan. Wichtigster Auftraggeber dieser Fabrik war das deutsche Textilunternehmen KiK. Das Unternehmen wurde bis heute nicht für seine Mitverantwortung an mangelndem Brandschutz und dem Tod all der Menschen verurteilt. Solche Beispiele gibt es leider ohne Ende, zwei Millionen Kinder, die auf Kakaoplantagen bekannter Schokoladenhersteller wie Mars und Ferrero ausgebeutet werden, 34 erschossene Arbeiter*innen der Marikana-Mine, in der der deutsche Chemiekonzern BASF abbauen lässt, die in Südafrika für bessere Arbeitsbedingungen gestreikt haben und mit ihrem Leben bezahlten, und so weiter und so weiter.

Nach ewigem Hin und Her in der Politik – es gab immer jemanden, der mit aller Kraft versuchte, das Gesetz auszubremsen –, wird es nun ein solches, wenn auch leider noch abgeschwächtes Gesetz geben. Ein wichtiger Schritt in die richtige Richtung, der hoffentlich auch auf europäischer Ebene ein Signal sendet.

Diese beiden so wichtigen Faktoren, wenn es um bessere, nachhaltigere Produkte geht, die Unternehmen und die Politik sind sehr eng miteinander verwoben. Wir alle wissen, dass der Einfluss der großen Konzerne auf politische Entscheidungen nicht unerheblich ist. Wenn man selbst ein Unternehmen führt oder in einem Unternehmen arbeitet, sind das gute Voraussetzungen, um vor Ort etwas zu verändern. Kannst du deine*n Chef*in davon überzeugen, dass du für das Gespräch mit einem*r Kund*in nicht fliegen musst, sondern ihr stattdessen einen Telefontermin oder einen Videocall vereinbart? Kannst du das Thema Nachhaltigkeit auf die Agenda des Unternehmens setzen? Argumente gibt es genug, dafür, dass das grüne Interesse der Konsument*innen in Zukunft immer stärker ausgeprägt sein wird. Verkaufe das Thema Nachhaltigkeit als lohnendes Investment in die Zukunft des Unternehmens und belege deine Präsentation mit aussagekräftigen

Zahlen. Sei dir deiner Verantwortung bewusst, egal, wie hoch oder niedrig deine Position im Unternehmen ist.

Niemand möchte die Unternehmensführung darauf aufmerksam machen, wenn sie verschwenderisch mit Ressourcen umgeht, und sich womöglich unbeliebt machen. Das erfordert Mut, aber auch hier gilt, statt anzukreiden, lieber direkt Lösungsvorschläge liefern. Wenn du auf dieser Ebene etwas erreichst, hast du so viel mehr getan als deine ganzen kleinen Schritte, die du zu Hause umsetzen kannst.

Aber auch wenn du nicht in der Position bist, die Unternehmensführung oder deine*n Vorgesetzte*n auf den ökologischen Fußabdruck der Firma hinzuweisen, kannst du etwas verändern. Überlege dir, wie du deinen ganz persönlichen Arbeitsplatz nachhaltiger gestalten könntest. Hast du die Möglichkeit, dich dafür einzusetzen, dass es in der Küche einen Wasserfilter und einen Sodastream statt Wasser aus Plastikflaschen gibt? Dass es recyceltes Klopapier und bessere Möglichkeiten, den Müll zu trennen, gibt? Wie häufig brennt hier nachts das Licht? Wie viele Computer sind in Stand-by? Das klingt nach kleinen banalen Schritten, aber sie verändern viel mehr, als man denkt.

Man muss nicht zwangsläufig in einem Unternehmen arbeiten, um ein Unternehmen zu verändern. Wir treffen mit jeder Kaufentscheidung eine Entscheidung für mehr Umweltschutz und Fairness – oder dagegen. Unsere Nachfrage reguliert den Markt. Wir können aber auch außerhalb unseres Kaufverhaltens Druck auf Unternehmen ausüben. Immer wieder bekommen Marken Schwierigkeiten mit öffentlichen »Shitstorms«. Zum Beispiel wenn die Presse darüber berichtet, dass in der abgebrannten Textilfabrik in Pakistan das Unternehmen KiK produziert hat. Menschen, die solch einen Artikel lesen und verständlicherweise wütend darüber sind, melden sich auf den Social-Media-Kanälen der Marke und schreiben wütende Kommentare. Menschen twittern, posten und schreiben in Blogs über die Situation, andere Medien greifen das Thema auf, und so rollt eine richtige Welle an imageschädigenden Berichten los. Manchmal überträgt sich der Shitstorm in die echte Welt, und es gibt Demonstrationen. So oder so ist das ein Horrorszenario für jedes Unternehmen.

So negativ der Begriff »Shitstorm« ist (er klingt immer ein bisschen nach frustrierten Internet-Trollen, die anonym um jeden Preis im Netz stänkern wollen), so wichtig ist dieses Tool, um Unternehmen zum Umdenken und zum Handeln zu bewegen.

Manchmal sitzt ein Unternehmen einen Shitstorm kommentarlos aus, manchmal gibt es eine Entschuldigung und ein Zugeständnis, sich bessern zu wollen. Und manchmal folgen darauf auch echte Taten. Wenn sich nichts ändert, ist es umso wichtiger, nicht nur kurzzeitigen Druck auszuüben, sondern langfristig zu zeigen: Mir als Konsument*in ist das Thema wichtig, *»I'm watching you!«*. Dafür muss man nicht unbedingt in den sozialen Medien unterwegs sein. Es tut auch ein Brief oder eine E-Mail an das Unternehmen, oder man könnte die regionale Presse auffordern, über das Thema zu berichten.

Zum Glück gibt es etwa immer häufiger Shitstorms wegen sexistischer oder rassistischer Werbung und wegen Greenwashing, das immer mehr Unternehmen betreiben. Letztes Jahr im Dezember war ich auf der Homepage eines Gartencenters unterwegs, um nach schönen Blumentöpfen zu suchen. Auf der Startseite wurden Tannenbäume für Weihnachten beworben. Nun hat das Unternehmen, um die Größe der jeweiligen Bäume zu demonstrieren, auf manchen Fotos einen Menschen danebengestellt. Auf einigen Fotos war das ein offensichtlich in dem Gartencenter arbeitender Mann. Man sah den Fotos an, dass es kalt draußen war. Er trug seine volle Arbeitsmontur mit grünem Overall, dicken Gartenhandschuhen und Gummistiefeln. *So far, so good.* Als ich allerdings weiter hinunterscrollte, entdeckte ich auf einigen Fotos eine gestylte Blondine in sehr knappem Minikleid und High Heels neben der Tanne stehen. Die Frau rekelte sich dort in Modelposen und sah gar nicht nach Winter aus. Ich stutzte und musste erst mal über die Absurdität der Fotos schmunzeln. Was um alles in der Welt machte diese leicht bekleidete Frau neben diesen Tannenbäumen? Hätte sie nicht genauso wie der Mann einfach Overall und Gummistiefel tragen können, um die Größe der Tanne zu demonstrieren? Sexistische Werbung par excellence. Diese Tannen sollten offensichtlich durch die sexy Dame aufgewertet werden, wobei das eine mit dem anderen nichts zu tun hatte. Hätte die Frau für High Heels oder für Rasierer geworben, wäre diese Werbung nicht sexistisch.

Ich meldete diese Werbung bei »Pink Stinks«, einer Protest- und Bildungsorganisation, die sich gegen Sexismus und Homofeindlichkeit einsetzt. Durch ihr Tool der »Werbemelder*innen« ist es der NGO gelungen, enorm viel sexistische Werbung zu entlarven, anzukreiden und zu verbannen. Denn die Organisation übernimmt die Konfrontation des Unternehmens mit dem eigenen Versagen, und so konnten viele Werbeagenturen und Unternehmen für das Thema sensibilisiert werden.

Ich schickte zwei Screenshots der Gartencenter-Seite an »Pink Stinks«, und siehe da, ein paar Tage später waren die Fotos mit der Frau von der Website gelöscht. Ob es nur die

Angst vor einem Shitstorm war oder das Unternehmen tatsächlich eingesehen hat, dass es einen Fehler gemacht hat, weiß ich nicht. Hauptsache ist, dass diese Fotos nicht mehr auf der Website zu sehen sind.

Auch Greenwashing kann man Unternehmen ankreiden. Man kann Shitstorms dafür nutzen oder Greenwashing bei der Verbraucherzentrale melden. Wobei es hier schwieriger ist, eine klare Linie zu ziehen. Denn was die einen als Greenwashing bezeichnen, bezeichnen die anderen als »einen kleinen Schritt in die richtige Richtung«.

Ich habe dazu schon viele Diskussionen mit Dr. No geführt, denn sooft wir einer Meinung sind, hier ist er deutlich strenger als ich. Und dabei habe ich auch schon recht strikte Ansichten, wenn es um Greenwashing geht, würde ich mal behaupten. Ich lehne es kategorisch ab, für sehr viele Marken zu arbeiten. Das sind zum Beispiel Modefirmen, die eine kleine nachhaltige Sonderkollektion herausbringen, die im Gegensatz zu ihrem sonstigen Fast-Fashion-Geschäft nur ein Tropfen auf den heißen Stein sind. Man könnte meinen, das wäre immerhin besser, als würden sie gar nichts machen. Aber ich möchte bei einem Unternehmen die langfristige Nachhaltigkeitsstrategie erkennen. Wenn diese mir nicht plausibel, umsetzbar oder engagiert genug erscheint, dann ist das in meinen Augen Greenwashing und kein echtes Engagement, das Unternehmen verändern zu wollen.

Aber auch meine Meinung ändert sich manchmal, so wie sich die Unternehmen ändern können. Manche werden besser, manche werden leider schlechter. In der Vergangenheit habe ich zum Beispiel für C&A geworben, weil das nach meinen ganz persönlichen Kriterien einer der wenigen Textilriesen ist, der wirklich bemüht ist, etwas zu verändern. Nachhaltige Stoffe finden nicht nur zu einem kleinen Teil, etwa in einer Sonderkollektion, Verwendung, sondern ziehen sich immer mehr durch das gesamte Sortiment. Außerdem arbeitet er eng mit dem Cradle to Cradle (C2C)™ e. V. zusammen. C2C bezeichnet eine Kreislaufwirtschaft, in der Produkte aus biologischen Nährstoffen in biologische Kreisläufe zurückgeführt werden oder als »technische Nährstoffe« kontinuierlich in technischen Kreisläufen gehalten werden können. Im Fall von C&A ist das zum Beispiel ein T-Shirt, das, nachdem es untragbar geworden ist, auf dem Kompost zu Erde werden kann. In der Produktion kommen nur natürliche Rohstoffe zum Einsatz, keine Pestizide und Chemikalien, und der Kohlenstoffausstoß wird ausgeglichen. C&A war nicht nur einer der ersten Einzelhändler, der C2C-Produkte in die breite Masse trug, sondern das Unternehmen forschte auch stetig weiter nach neuen nachhaltigen Kreislaufmethoden. Das fand und finde ich immer noch glaubwürdig und engagiert.

Auch wenn nicht alle Arbeitsplätze von heute auf morgen 100 % fair sein konnten, bemühte sich das Unternehmen um mehr Fairness entlang der Lieferkette.

2020 bekam die Textilindustrie durch die Corona-Pandemie Schwierigkeiten. Läden mussten schließen, viele Konsument*innen sparten und kauften auch nicht viel online. Konzerne wie C&A stoppten ihre Aufträge, und die Textilarbeiter*innen, zum Beispiel in Bangladesch, Myanmar und Indonesien, standen von einem Tag auf den anderen arbeitslos auf der Straße. Denn Versicherungen für Auftragsausfälle gibt es keine. Finanzielle Rücklagen bei den niedrigen Löhnen haben die Arbeiter*innen ebenso wenig. Und so litten und leiden immer noch Millionen von Menschen Hunger und wissen nicht, wie sie ihre Familien ernähren sollen.

Konzerne wie C&A, aber auch Adidas und H&M, die Milliardengewinne einfahren, zogen in der Pandemie ihre Aufträge zurück und überließen die Arbeiter*innen ihrem Schicksal.

Sieben Monate und einen zarten Shitstorm später gab C&A eine Pressemitteilung raus, beteuerte, die ausgefallenen Zahlungen inzwischen nachgeholt zu haben, so wie einige andere Marken auch. Doch ich frage mich, was in den Monaten dazwischen alles passiert ist. Ist dieses Geld jetzt überhaupt noch bei den Arbeiter*innen, die teilweise gar nicht mehr in derselben Fabrik engagiert sind, gelandet? Ich bezweifle es. Kürzlich erreichte mich eine neue Anfrage von C&A für eine umfangreiche Onlinekampagne, die für mich nun nicht mehr infrage kommt.

Grundsätzlich möchte ich den Fokus meiner Arbeit immer auf die positiven Dinge legen. Es macht mir viel mehr Spaß, für ein gutes Unternehmen zu werben, als einem anderen wegen Fehlverhalten ans Bein zu pinkeln. Aber es ist wichtig, dass das passiert, und viele der Initiator*innen solcher Shitstorms sind Menschen, die bei Non-Profit-Organisationen arbeiten, deren Job es ist, auf Missstände hinzuweisen und zu mobilisieren.

Ein Totschlagargument in privaten Klimadiskussionen ist: »Was bringt das schon, wenn ich mich verändere, wenn die Politik nicht die richtigen Entscheidungen trifft?«

Grundsätzlich ist das richtig: Neben unserem eigenen Handeln und dem der Unternehmen müssen die richtigen politischen Stellschrauben gedreht werden, wie zum Beispiel ein endgültiger Austritt aus der Kohleindustrie, ein weitgreifendes Lieferkettengesetz, eine stärkere Förderung von erneuerbaren Energien, Ausbau des öffentlichen Nahverkehrs, die Verkehrswende und vieles mehr.

Aber wir sind den politischen Entscheidungen nicht machtlos ausgeliefert. Mit unserem Kreuz bei den nächsten Wahlen bestimmen wir mit. Die Wahlbeteiligung der letzten Bundestagswahl betrug 76,2 Prozent. 23,8 Prozent hatten keine Lust mitzuentscheiden. Wenn man unsicher ist, was man wählen soll, kann ich den Wahl-O-Mat sehr empfehlen, und es lohnt sich, auch einen Blick in die Programme der Parteien zu werfen. Gerade bei der Bundestagswahl 2021 wird die Klimakrise Thema bei (fast) allen Parteien sein, insofern ist es sinnvoll, sich anzugucken, welche Partei sich ehrgeizige und umsetzbare Ziele setzt.

Ich empfehle auch die Plattform *abgeordnetenwatch.de*. Hier kann man sich die Abgeordneten des eigenen Landkreises ansehen und überprüfen, wer bei den letzten Abstimmungen im Bundestag für oder gegen etwas gestimmt hat.

Es lohnt sich, hier und da mal einer*m Abgeordneten ganz konkret Fragen zu stellen. Auch wenn eine wichtige Entscheidung im Bundestag ansteht, kann man Druck auf Politiker*innen ausüben, indem man ihnen zum Beispiel einfach eine Mail schickt.

Und dann gibt es natürlich noch die ganz klassische Demonstration, die meist nicht ungesehen bleibt und, wie im Falle von *Fridays For Future*, eine Debatte auf der ganzen Welt lostreten kann.

Wie wäre es, sich direkt politisch in einer Partei zu engagieren? Wir brauchen diverse Parteien, Repräsentant*innen mit ganz unterschiedlichem Hintergrund – damit wir nicht nur von alten weißen Männern regiert werden, die sich gerne auf die Interessen von alten weißen Männern fokussieren. Die Parteien brauchen Input von jungen Menschen mit neuen Ideen. Guck doch mal, was der Ortsverein der Partei, die du wählst, so macht. Vielleicht gibt es da schon ein paar nette Leute, mit denen man gerne gemeinsam zum Wandel beiträgt. Ich persönlich möchte meine Reichweite nicht für Wahlwerbung einer bestimmten Partei nutzen, rufe aber immer wieder dazu auf, sich selbst ein Bild zu machen und unbedingt wählen zu gehen.

Neben dem politischen Engagement kann man auch einer NGO beitreten oder einer ehrenamtlichen Freizeitaktivität nachgehen. Auf der Website von *Aktion Mensch* kann man mithilfe einer Suchmaschine das passende Engagement finden. Auch für Menschen wie mich. Junge Mütter, in Vollzeit tätig, mit kaum Zeitkapazitäten. Man findet hier zum Beispiel einmalige Aktionen, bei denen man sich nicht für einen langen Zeitraum verpflichten muss, und natürlich auch einige Aufgaben mit nachhaltigem Ansatz, wie zum Beispiel das Organisieren von Umwelt-Informationsveranstaltungen oder die Mithilfe in einem karitativen Secondhandladen.

31 Millionen Menschen engagieren sich in Deutschland freiwillig. Das finde ich eine beeindruckende Zahl. Die Möglichkeiten des freiwilligen Engagements sind grenzenlos. Wichtig ist, die eigenen Ressourcen im Blick zu behalten: Wie viel Zeit habe ich, neben den Verpflichtungen in meinem Leben, mich für Themen, die mir wichtig sind, einzusetzen? Und auf welcher Ebene möchte ich starten? Auf politischer, unternehmerischer oder auf persönlicher Ebene? Nun sind wir doch wieder vor allem dabei, wie wir als Individuen unsere Gesellschaft besser machen – auch wenn wir uns dafür

in Gruppen zusammenschließen. Aber was können wir am System ändern? Ist der Kapitalismus unser Untergang? Wer entscheidet eigentlich, wie unsere Wirtschaft läuft? Und wieso laufen wir unserem kapitalistischen System hinterher, als gäbe es keine Alternative?

Ich habe den Eindruck, dass es immer mehr Denker*innen gibt, die spannende neue Ansätze entwickeln, wie wir auf einem Planeten mit begrenzten Ressourcen, aber wachsender Weltbevölkerung friedlich miteinander leben und alle satt werden können. *Unfuck the Economy* von Waldemar Zeiler, *Wirtschaft ohne Wachstum* von Tim Jackson und *Unsere Welt neu denken* von Maja Göpel sind nur einige Bücher, die aktuell dazu einladen, unsere Wirtschaft und unsere Gesellschaft neu zu denken. Diese Autor*innen und viele weitere Ökonom*innen und Wissenschaftler*innen liefern der Politik Ideen, wie man ein Wirtschaftssystem fahren kann, das auf Fairness und Nachhaltigkeit basiert. Das langfristig funktioniert und nicht nur noch so lange, bis die Ressourcen aufgebraucht sind.

Auch in der Politik gibt es immer mehr Stimmen, die sich dafür einsetzen, gerade nach der Coronakrise die Wirtschaft neu zu sortieren. So fordert zum Beispiel Wolfgang Schäuble eine Neujustierung, um Fehler zu korrigieren, die durch die Globalisierung der Marktwirtschaft entstanden seien. Aber was muss passieren, damit diese Visionen und Thesen auch in der Wirklichkeit ankommen? Falls ihr nun dachtet, ihr findet in diesem Buch die großen ökonomischen Lösungen: Nein, leider kann ich die nicht liefern, und ich sehe das auch nicht als meine Aufgabe. Aber ich fordere sowohl die Politik als auch alle Unternehmen dazu auf, sich ihrer Verantwortung bewusst zu werden und sich schleunigst auf die Suche nach nachhaltigen, langfristig tragbaren Wirtschaftssystemen zu machen, die es folgenden Generationen und Menschen auf der ganzen Welt möglich machen, auf diesem Planeten ein würdevolles Leben zu führen. Unsere Aufgabe ist es, den Druck aufrechtzuhalten und immer wieder zu kommunizieren, dass uns etwas an der Zukunft unserer Erde liegt.

Wenn man die Wirtschaft beeinflussen will, sollte man selbst in die Wirtschaft gehen. Einfacher gesagt als getan. Seit einiger Zeit tüftele ich an meiner eigenen Geschäftsidee. Dafür braucht es viel Kraft, Zeit und Ausdauer. Möchte man scheinbar Unmögliches möglich machen – wie etwa ein wirklich innovatives, nachhaltiges Unternehmen zu gründen, das besser ist, als alles, was es bereits auf dem Markt gibt (so mein eigener Anspruch) –, muss man viele Hürden überwinden und darf sich von der Komplexität der Sache nicht demotivieren lassen. Ich mache weiter und bleibe dran. Und hoffe, ich kann eines Tages mit meinem eigenen Unternehmen etwas verändern und zurückgeben. Dann werde ich mich bestimmt wieder so fühlen, wie damals auf dem Schulhof, als ich die Diddl-Blätter an meine Klassenkameradinnen verteilt habe. Mit dem kleinen Bonus unsere Wirtschaft diesmal zu einer nachhaltigeren, kreiswirtschaftlicheren und sozialeren mitgestaltet zu haben. Drückt mir die Daumen!

KAPITEL 10

Purzelbäume for Future!

Wie können wir nachhaltiger leben, ohne dass wir uns in unserer Freiheit eingeschränkt fühlen? Wer Lust auf eine extreme Veränderung hat – super! Aber ich glaube, für den Großteil der Menschen ist es besser, das Thema in kleinen Schritten anzugehen. Zu viele Informationen und Optionen und zu hohe Ziele bewirken oft das Gegenteil: Man fühlt sich machtlos und weiß gar nicht, wo man anfangen soll. Wir können aber auch etwas verändern, indem wir andere Menschen auf eine unaufdringliche Art inspirieren und motivieren.

In diesem Buch habe ich in den verschiedenen Kapiteln zu verschiedenen Bereichen meines Lebens geschrieben. Ich bin sehr persönlich geworden, weil es eine sehr persönliche Auseinandersetzung mit meinem ganz individuellen, mehr oder weniger nachhaltigen Leben ist. Meine persönlichen Erfahrungen und die daraus resultierenden Kompromisse. Vielleicht hast du dich hier und da gewundert, warum meine Kindheit eine so große Rolle spielt. Das liegt vor allem daran, dass ich fest davon überzeugt bin, dass unser tagtägliches Handeln auf unserer Sozialisation, unserer Erziehung, unserem Glauben, unseren Traditionen, unserer ganzen Vergangenheit und Gegenwart fußt.

Wenn du dich also mit den wichtigsten Bereichen deines Lebens beschäftigst, ist es nicht nur sinnvoll, dir anzugucken: Wie lebe ich heute? Was kann ich ändern? Sondern auch: Woher komme ich? Wie bin ich aufgewachsen? Wie sind meine Eltern, meine Geschwister, meine persönlichen Vorbilder mit diesen Themen umgegangen?

Nun sieh dir die wichtigsten Lebensbereiche einmal genauer an:

Deine Wohnsituation, deine Ernährungsgewohnheiten, dein Konsumverhalten, deine Mobilität und dein Reiseverhalten. In welchem dieser Bereiche könntest du noch etwas verändern? Für welchen dieser Bereiche interessierst du dich besonders? In welchem der Bereiche ist dir die persönliche Freiheit am wichtigsten?

Ich versuche das nun etwas anschaulicher zu zeigen. Du bist …

… der/die Traveller*in.

Du kommst aus einem kleinen Dorf und hast, seit du denken kannst, von der weiten Welt geträumt. Nach dem Abitur stand Work and Travel auf deiner Agenda. Daraus wurde eine einjährige Weltreise. All deine Reisen haben dich zu dem gemacht, der oder die du heute bist, und du liebst es, neben der Arbeit deine nächsten Reisen zu planen. Menschen, die du neu kennenlernst, erzählst du am liebsten davon, wo du schon überall auf der Welt warst und was du dort erlebt hast. Du bist gut vernetzt und fühlst dich überall schnell zu Hause. Dich plagt ein schlechtes Gewissen wegen der Treibhausgase beim Fliegen und du versuchst, deine Reisetätigkeiten einzuschränken. So richtig will das aber nicht klappen. Na ja, du lebst ja nur einmal.

Wenn Reisen deine große Leidenschaft ist, solltest du dich nicht ausgerechnet in diesem Bereich stark einschränken. Das wird nur zu Frustration führen, vor allem, wenn du diese Weltoffenheit, das Eintauchen in Kulturen, das Abenteuer als festen Bestandteil deiner Persönlichkeit siehst. Lege den Fokus zunächst auf andere Bereiche. Du willst dich auf deinen Reisen durch die komplette internationale Kulinarik probieren? Das verstehe ich, aber könntest du deinen Fleischkonsum auf Reisen oder auch in deinem Alltag einschränken?

Vielleicht reist du am liebsten mit leichtem Gepäck. Dann bist du mit einer einfachen und vielseitigen Garderobe schon vertraut. Kannst du diese essenziellen Teile deines Kleiderschranks, die dich auf deinen Reisen begleiten, schrittweise durch faire Mode ersetzen, wenn es deine alte Kleidung nicht mehr tut? Gibt es die Möglichkeit, auf deinen Reisen das Auto als Fortbewegungsmittel durch ein Fahrrad oder den öffentlichen Nahverkehr auszutauschen? Welche Geschichten und Abenteuer haben dich auf deinen Reisen am meisten beeindruckt? Hättest du Ähnliches in Europa erleben können? Was könntest du auf deinen Reisen machen, um die Situation der Menschen vor Ort zu verbessern? Vielleicht kannst du, statt großer Hotelketten, kleine familiengeführte oder ökologische Hotels unterstützen? Flüge kann man inzwischen auf verschiedenen Plattformen kompensieren. Das holt zwar nicht das CO_2 aus der Atmosphäre zurück, aber damit unterstützt man immerhin Klimaprojekte auf der ganzen Welt. Bei einem Mammutflug von Berlin nach Bangkok, mit Zwischenstopp in Dubai, kostet die Kompensation beispielsweise um die 100 Euro. Überlege dir, ob es dir nicht 100 Euro wert ist, diese Reise mit besserem Gewissen anzutreten.

... der Genussmensch.

In deiner Küche finden sich jede Menge besonderer Utensilien zum Kochen. Du besitzt 100 Kochbücher. Für dich geht nichts über ein perfekt gebratenes, saftiges, gut gewürztes Steak. Du verstehst nicht, wie man darauf verzichten kann. Wenn du eine Kochshow siehst, hast du hundert Ideen im Kopf, was du als Nächstes kochen möchtest. Du bist gesellig, und es macht dich unendlich glücklich, Gastgeber*in zu sein und an einem Tisch mit vielen Leuten zu sitzen, die sich an den von dir zubereiteten Speisen glücklich satt essen. Das Gefühl, satt und zufrieden zu sein, erinnert dich an deine Kindheit. Deine Mutter hat schon immer köstlich gekocht. Sie hat dir früh alles beigebracht, und die schönsten Momente hattest du mit ihr, wenn sie dich auf die Küchenzeile gesetzt hat und du ihr beim Kochen zugucken durftest.

Wenn du mit Veganer*innen sprichst, fällt es dir schwer, sie zu verstehen. Für diese Person bedeutet vegan zu leben wahrscheinlich nicht so eine große Einschränkung wie für dich. Vielleicht empfindet diese Person es als wahre Freude, täglich mit frischem Obst und Gemüse vegan zu kochen.

Wirf einen Blick in deinen Kühlschrank und frage dich: Zu welchen Produkten habe ich eine emotionale Verbindung? Welche könnte ich ohne geschmackliche Nachteile durch pflanzliche ersetzen? Wo könnte ich Verpackungsmüll einsparen? Damit sich die Umstellungen nicht als Bestrafung anfühlen, belohne dich. Etwa mit einem schönen, neuen vegetarischen Kochbuch. Nicht nur Vegetarier*innen dürfen vegetarische Kochbücher kaufen. Du kannst so versuchen, mehr Abwechslung in deine Küche zu bringen. Die emotionalen Gerichte sind wichtig für dich, weil sie ein Teil deiner Identität sind. Mixe sie doch einfach mit neuen Gerichten.

Vielleicht schaffst du es, »emotionale« Erinnerungsgerichte für deine Familie oder Freunde zu kreieren, die vegetarisch oder vegan sind.

... der/die Autoliebhaber*in.

Das erste Wort, das du sagen konntest, war »Auto«. Schon mit fünf Jahren konntest du die verschiedenen Automarken voneinander unterscheiden. Deine ganze Jugend lang hast du Zeitungen ausgetragen, um dir den Führerschein und dein erstes kleines Auto leisten zu können. Autofahren war für dich schon immer das größte Gefühl von Freiheit, und obwohl du jetzt in der Stadt lebst und überall mit den öffentlichen Verkehrsmitteln hinfahren könntest, liebst du es, in dein eigenes Auto zu steigen, das du dir hart erarbeitet hast. Wenn du Auto fährst, dann fühlst du dich unabhängig. Diese Abhängigkeit von irgendwelchen Bussen, die unregelmäßig oder gar nicht fahren, die du noch so gut aus deiner Kindheit kennst, ist passé. Stundenlang hast du früher an Bushaltestellen gestanden und dich gelangweilt.

Spüre einmal ganz genau in dich hinein. Sind es wirklich die Autos, der Fahrspaß, der dich so fasziniert? Träumst du von einer kleinen eigenen Werkstatt, in der du an Oldtimern herumbastelst? Wenn ja, dann solltest du auf jeden Fall dieses Hobby beibehalten. Aber vielleicht geht es dir gar nicht so sehr um die Autos selbst, sondern darum, dass du dich gut fühlst, wenn du in dein eigenes Auto steigst. Wie fühlt es sich gedanklich an, das Auto zu verkaufen und zu denken: »Ich bin genug«? Wie fühlt es sich an, eine Menge Geld und CO_2 zu sparen und für Ausflüge und Urlaube einfach ein Auto zu mieten oder zu leihen? Im Alltag steigst du auf das Fahrrad um oder gehst Strecken zu Fuß. Kein Parkplatz-Stress, keine Staus, keinen Ärger mit der Versicherung und der Werkstatt, Lesen in der U-Bahn, frische Luft und Bewegung. Wie hört sich das an?

Ich will dich zu nichts überreden, aber spiel einmal mit dem Gedanken. Oft denken wir, wir benötigen Besitz, weil er unsere Persönlichkeit stützt oder ausmacht. Wir sehen uns als klassische*n Autoliebhaber*in, weil das schon immer so war und all unsere Freunde und unsere Familie uns ständig etwas, das mit Autos zusammenhängt, schenken. Aber ist das wirklich dein Hobby? Oder fühlst du dich nicht vielleicht freier, wenn du nicht jeden Monat die Versicherung zahlen musst, an den TÜV denken musst und immer die Befürchtung da ist, dass an dem Auto etwas kaputtgeht.

Das waren drei fiktive Beispiele, die zeigen sollen, wie man gut herausfindet, was man in seinem Leben ändern kann.
1. Meine große Leidenschaft bleibt bestehen, ich drehe an anderen Stellschrauben.
2. Meine große Leidenschaft bleibt bestehen und wird mit Freude nachhaltig erweitert.
3. Ich frage mich: Ist meine große Leidenschaft überhaupt meine große Leidenschaft?

Mein Wohnraum ist essenziell für meine Arbeit. Ich brauche eine Ruhe-Oase und genügend Platz, um kreativ arbeiten zu können, Fotos zu machen usw. Mich in meinem Wohnraum einzuschränken, kommt für mich aktuell nicht infrage.

Jahrelang dachte ich, wenn Mode mein großes Hobby ist, gehört es selbstverständlich dazu, dass ich jede Woche mehrere Stunden in Fast Fashion Shops verbringe und die neusten Trends verfolge. Mode ist mein großes Hobby geblieben, ich habe es nur in ein ökologisch verträglicheres Hobby umgewandelt, indem ich mich besser informiere, meine Garderobe zusammenschrumpfe und durch Fair Fashion oder Secondhand ergänze.

Jahrelang dachte ich, ein Auto zu besitzen ist mein Schlüssel zur Freiheit und ein unverzichtbares Statussymbol, das dazugehört, wenn man als junge selbstständige Frau erfolgreich ist. Jetzt weiß ich: Ich möchte eigentlich nur, dass es mich sicher von A nach B bringt und so wenig wie möglich verbraucht.

Bestimmt hast du, während du meine Geschichte gelesen hast, dich hin und wieder mit mir verglichen. Bestimmt hast du mich manchmal verurteilt, das ist menschlich. Hier und da warst du vielleicht beeindruckt, und an anderer Stelle hast du überlegt, was du bereits besser machst als ich und wo du selbst noch aktiv werden könntest. Wenn du nun also den Bereich deines Lebens definiert hast, den du verändern möchtest, dann kann ich dir zur Umsetzung ein paar Tipps geben.

In der Schauspielschule hatte ich eine tolle Akrobatiklehrerin, Cornelia. Neben dem Fach Aikido (eine japanische Kampfkunst, bei der wir Flugrollen über »die härteste Aikido-Matte Deutschlands« machen mussten) war Akrobatik mein schlechtestes Fach. Ich hatte es einfach weder mit japanischen Flugrollen noch mit deutschen Purzelbäumen. Mein Körper war einfach zu lang und die Matte so weit weg von meinen Augen, dass ich Schwierigkeiten hatte, mich waghalsig auf ebendiese kopfüber zu stürzen. Als Kind war ich nie beim Kinderturnen. Ich konnte nie ein Rad schlagen und wusste auch nicht, zu was das gut sein sollte. Jedes Mal, wenn ich es probierte, verletzte ich mich oder wurde von anderen Kindern ausgelacht oder im schlechtesten Fall beides gleichzeitig.

Im Gegensatz zu unserem Aikido-Lehrer hatte Cornelia

Nachsicht mit mir und fing ganz von vorne an. Nach einigen Wochen Training konnte ich einen Purzelbaum machen, ohne dass mir danach so schwindlig war, dass ich nicht mehr wusste, wo unten und wo oben ist. Für mich ein großer Erfolg! Cornelia war DIE Verfechterin realistischer Zielsetzungen. Es ging in ihrem Unterricht nie darum, sich in irgendetwas zu stürzen, im Gegenteil, man musste erst sehr lange Figuren mit Hilfestellung üben. Cornelia wollte, dass man lieber noch mal einen Schritt zurückgeht, bevor man einen Schritt weitergeht. So kam es in all den Stunden kein einziges Mal zu Verletzungen. Wir mussten Cornelia zu Beginn jedes Semesters unsere Ziele per Mail schicken.

Aber nicht einfach nur die Ziele, sondern auch, was wir bereit waren, dafür zu tun, und was uns motivierte. Die Ziele durften auf keinen Fall zu hoch gegriffen sein, sie sollten realistisch sein. Wir mussten uns zu unseren Zielen ganz konkrete Bilder und Aussagen überlegen. »Am Ende des Semesters möchte ich einen Handstand können«, das reichte ihr nicht. »Zu unkonkret.« Wir mussten uns zu unserem Ziel eine richtige kleine Geschichte ausdenken. »Ich möchte nach dem Sommersemester, wenn ich mit meinen Freunden Timo und Julia in die Toskana fahre, am Strand im Sonnenuntergang einen Handstand machen können. Meine Freunde gucken mir zu und applaudieren. Wir lachen und haben eine gute Zeit.«

Auch bei unserem Einsatz, den wir dafür leisten wollten, schrieben wir oft zu viel auf. »Dreimal am Tag Handstand an der Wand üben.« Das schaffte man meist schon in der ersten Woche nicht mehr. Sich jeden Tag die Handgelenke zu dehnen war aber zeitlich möglich und einmal außerhalb des Unterrichts mit Hilfestellung einer Kollegin zu üben ebenso.

Vielleicht hast du schon einmal etwas vom SMART-Kriterium gehört. Man muss nicht für jede Sache, die man in seinem Leben verändern will, alle Punkte genau durchplanen, aber diese Methode hilft bei der Orientierung. SMART ist ein Akronym und steht für:

S – Spezifisch: Ziele so konkret und spezifisch wie möglich formulieren.

M – Messbar: Qualitative und quantitative Messgrößen bestimmen.

A – Attraktiv: Plane so, dass du auch Lust hast, die Ziele zu erreichen.

R – Realistisch: Machbarkeit der Aufgabe innerhalb der Zeit und mit den Mitteln.

T – Terminiert: Ziele zeitlich bindend planen. Was ist bis wann zu erledigen?

Mir war klar, dass ich niemals Flugrollen über die Bühne machen würde, und nach dem Abschluss an der Schule witzelte ich manchmal auf Partys: »Drei Jahre Schauspielschule, und ich kann jetzt Purzelbäume machen.« Aber ich wusste, Cornelia hatte mir so viel mehr als Purzelbäume beigebracht. Sie hatte dafür gesorgt, dass ich mit der richtigen Motivation und einem realistischen Ziel und Arbeitseinsatz einen Sport, der mir absolut zuwider gewesen war und für den ich zero Talent hatte, mit Ehrgeiz und sogar mit Freude ausgeübt habe. Und es hat mir etwas gebracht. Für mein Körpergefühl, meine Schauspielrollen und mein Selbstbewusstsein.

Wenn du nun also weißt, an welchen Stellschrauben du in deinem Leben drehen möchtest, dann versuche, dein Ziel nicht bloß allgemein zu formulieren, z. B. »Ich will mehr faire

Mode tragen«, sondern die verschiedenen SMART-Punkte durchzugehen.

Ein konkretes Ziel finden, mit Zeitangabe, das Ausnahmen gleich miteinschließt. »Ich möchte bis zum Ende dieses Jahres keine Fast Fashion mehr kaufen, meinen Kleiderschrank reduzieren und in drei neue, essenzielle Fair Fashion Basics investieren, die genau meinem Stil entsprechen. Eine Ausnahme werde ich machen, wenn ich ein Brautjungfernkleid für die Hochzeit meiner Schwester kaufe und für ein bis zwei neue BHs von meiner Lieblingsmarke.«

Ein Bild zum Ziel: Ich laufe die Straße entlang und sehe die Schaufenster. Ich spüre die gute Qualität meiner Kleidung auf der Haut, ich trage heute genau meinen Stil und fühle mich pudelwohl in meinem Look. Ich habe kein schlechtes Gewissen mehr. Ich sehe die Mode in den Schaufenstern, die mir sonst immer das Gefühl gegeben hat, dass ich etwas kaufen muss und nicht stylisch genug bin. Die Schaufenster interessieren mich nicht mehr. Ich habe Ordnung in meinem Kleiderschrank und mehr Geld auf dem Konto. Ich überlege mir, was ich mit diesem Geld machen könnte.

Der Einsatz:
- Normalerweise gehe ich samstags mit meiner Freundin durch die Geschäfte. Ich schlage ihr vor, stattdessen ins Museum oder etwas essen zu gehen.
- Wenn ich spüre, ich werde zum Online-Shoppen verleitet, lege ich Handy oder Laptop zur Seite, schließe meine Augen, lege meine Hände auf den Bauch und atme zehnmal tief ein. Ich versuche herauszufinden, weshalb ich gerade shoppen wollte. Brauche ich wirklich etwas oder möchte ich mich gerade belohnen, ablenken oder trösten? Statt-

dessen belohne ich mich vielleicht mit einem Tee, lege mich aufs Sofa und mache mir ein Hörbuch an.
- Ich sehe mir in der ersten Woche als Motivation die Dokumentation »The True Cost« an.
- Innerhalb der ersten vier Wochen sortiere ich meinen Kleiderschrank Stück für Stück aus. Jeden Sonntag ist eine neue Kategorie dran, wie Oberteile und Kleider oder Unterwäsche und Socken.
- Bis zum Ende des Jahres darf ich insgesamt drei Teile shoppen. Ich überlege mir vorher ganz genau, ob ich etwas wirklich brauche, ob es zum Rest meiner Garderobe passt, meinem Stil entspricht, ob ich es mindestens dreißigmal tragen werde und ob es mir auch noch in fünf Jahren gefallen wird.
- Nach jeder Woche sehe ich mir diese Liste an und korrigiere meine Ziele oder meinen Einsatz, wenn ich merke, dass etwas nicht umsetzbar ist.

Stellt man nun fest, dass man einen Punkt von der Liste nicht einhalten kann oder will, ist das kein Grund, das ganze Vorhaben über den Haufen zu werfen. Es gibt keine Kontrollinstanz, niemanden, vor dem man sich rechtfertigen muss. Man kann Punkte einfach getrost streichen und verändern, wie man lustig ist.

Ich glaube, es gibt zwei Sorten von Menschen. Die einen erreichen ihre Ziele eher, wenn sie ihr ganzes Umfeld an ihrem Vorhaben teilhaben lassen. Die andere Gruppe fühlt sich dadurch eher unter Druck gesetzt und erreicht mehr, wenn sie im stillen Kämmerlein an ihren Aufgaben tüftelt. Welcher Typ bist du?

Es gibt so viele Bücher, die sich damit beschäftigen, wie man den »inneren Schweinehund« überwinden kann. Ich denke, man sollte den Schweinehund einfach Schweinehund sein lassen. Wenn die Hürde, seine Laufschuhe anzuziehen und loszulaufen, zu hoch erscheint, dann ist es schlicht der falsche Sport für einen. Wenn man etwas findet, das einem Spaß macht, dann muss man sich nicht überwinden.

Wenn du also in puncto Nachhaltigkeit etwas findest, das dir echte Freude bereitet: umso besser! Und das muss nicht zwangsläufig mit deinem eigenen Lebensstil zusammenhängen, sondern kann auch ein politisches oder ehrenamtliches Engagement sein.

SCHLUSS

Die Aktivist*innen von *Fridays for Future* haben festgestellt, dass die freitäglichen Demonstrationen für ein großes Medienecho sorgen. So viele Jugendliche, Kinder und auch Erwachsene gingen auf die Straße und haben so das Thema Klimakrise endlich in die Zeitungen bekommen. Spätestens jetzt haben alle Parteien begriffen, dass sie um das Thema Klimaschutz nicht drum herumkommen und Gefahr laufen, die Wähler*innen von morgen zu vergraulen. Dass die ganze Welt Gänsehaut bekommt, wenn eine Jugendliche mit Tränen in den Augen Politiker*innen mit *»Don't you dare!«* anklagt, ist ein riesengroßer Erfolg.

Doch was tut jede*r Einzelne? Seitdem Greta fürs Klima streikt, hat sich am Lebensstil der Menschen nicht viel geändert. Zwischen Wissen und Aktion liegt also ein Riesengraben. Die jungen Leute hinter *Fridays for Future* haben inzwischen verstanden, dass sie dafür die Menschen emotional berühren müssen. Und so planen sie gerade ihren ersten großen (übrigens klimaneutralen) Kinofilm zur Klimakrise. Einen internationalen Film, der nicht nur auf der ganzen Welt gedreht, sondern auch überall ausgestrahlt werden soll. Man kann sich das gut vorstellen: schmelzendes Eis und hungrige Eisbären. Brennende Wälder und fliehende Koalabären. Doch mit den schockierenden Bildern ist das so eine Sache. Sie können zur Aktion führen, wie bei mir, als ich die Bilder des eingestürzten Rana Plaza Buildings gesehen habe, aber sie können auch zur Resignation führen. Diese Naturgewalten wirken so mächtig, dass sich der oder die Einzelne ohnmächtig fühlt und gar nichts mehr tut. Deshalb soll der Film *The Story of a New World* zwar die Klimaproblematik erklären, aber den Fokus auf die Handlungsoptionen legen. Eine fiktionale Geschichte soll die Zuschauer*innen motivieren, nach Hause zu gehen und die Klimakrise bei der Wurzel zu packen.

Genau so können wir es auch im Alltag halten: aufklären, aber dann direkt Anreize schaffen. Wenn wir also Menschen in unserem Umfeld beeinflussen wollen, dann machen wir das am besten ohne erhobenen Zeigefinger, ganz beiläufig und versuchen, mit unserem eigenen Handeln mit gutem Beispiel voranzugehen. Im Bildteil in der Mitte des Buches findet ihr noch ein paar ganz konkrete kleine Dinge, die man in den Alltag integrieren kann. Gerade die kleinen Dinge eignen sich, um sie Freund*innen oder Bekannten zu zeigen und sie vielleicht so zum Mitmachen zu motivieren.

Die Möglichkeiten, das eigene Umfeld positiv zu beeinflussen, sind grenzenlos, und wenn man einmal etwas gefunden hat, das einem Spaß macht und Gutes tut, sind Freund*innen und Familie oft von ganz alleine inspiriert. Zwei Fliegen mit einer Klappe.

Wir leben in einer entscheidenden Zeit. In einer Zeit, in der wir die Möglichkeit haben, das Ruder noch einmal herumzureißen und sicher nicht alle, aber zumindest die schlimmsten Auswirkungen der Klimakrise zu bekämpfen. Das wird nur funktionieren, wenn wir alle an einem Strang ziehen. Dabei muss ich an einen schönen Moment in meiner Kindheit am Gardasee denken. Meine beste Freundin, ihre Schwestern, meine Brüder und einige Erwachsene lagen am Pool. Ich war etwa elf Jahre alt. Plötzlich kam mein Vater auf die Idee, im ovalen Swimmingpool einen Strudel zu erzeugen. Für uns Kinder klang das total absurd und nach einer Erwachsenenlügengeschichte, bei der er uns an der Nase herumführen wollte. Aber mein Vater ließ nicht locker, stieg zunächst mit uns Kindern in den Pool und erklärte uns, wie so etwas physikalisch funktionieren konnte. Wir gingen, stapften und schwammen alle im Uhrzeigersinn am Beckenrand entlang. Zwei, drei Runden. Aber bis auf ein paar kleine Wellen tat sich nichts.

Wir forderten die anderen auf, alle mitzumachen. Wir schoben Wasserbälle, Taucherflossen und Luftmatratzen gegen das Wasser und arbeiteten uns Runde für Runde durch den Pool. Und siehe da, auf einmal war da – wie aus dem Nichts – ein richtiger Strudel, wie wir ihn nur aus dem Erlebnisbad kannten. Wir konnten uns treiben lassen, ohne uns bewegen zu müssen. Wir Kinder waren komplett aus dem Häuschen, und auch die Erwachsenen waren beeindruckt. Ließen sich zu viele gleichzeitig treiben, geriet der Strudel ins Stocken. Und so wechselten wir uns ab. Immer durfte sich eine*r von uns eine Runde treiben lassen und das Gefühl der Schwerelosigkeit genießen, während die anderen die Maschine am Laufen hielten. Wenn wir heute am Pool unsere Nachbar*innen und Freund*innen treffen, die damals dabei waren, kommen wir immer wieder auf dieses schöne Erlebnis zu sprechen. Es hat uns alle überrascht und beeindruckt, Kinder wie Erwachsene, zu welcher Kraft wir als Gemeinschaft in der Lage sind.

So oder so ähnlich müssen wir alle, generationsübergreifend, Alt und Jung, uns bemühen, die Auswirkungen der Klimakrise einzudämmen. Mit Freude und Spaß, aber auch mit dem einen oder anderen Kraftakt. Wir müssen das Wohl aller im Blick behalten. Jede*r darf sich einmal ausruhen und die anderen machen lassen. Aber irgendwann sind wir alle an der Reihe, selber aktiv zu werden und die Sache in die Hand zu nehmen. Denn nur mit gemeinsamer Kraft und Hoffnung kann ein zunächst utopisch klingender Plan – diesen Planeten noch zu retten – Wirklichkeit werden.

DANK

Ich danke dem Ullstein Verlag, der mir so einen Vertrauensvorschuss gegeben hat und mir kurz vor dem ersten Corona-Lockdown, in ungewissen Zeiten, einen Buchvertrag angeboten hat. Ich danke meiner Lektorin Marieke Schönian, die mich wunderbar auf dieser spannenden Reise begleitet hat und mir nicht nur für mein Buch wichtige Anregungen gegeben hat. Ich danke Dr. No, der mir bei diesem Buch wie auch sonst immer mit Rat und Tat zur Seite gestanden hat und die richtigen Denkanstöße gab. Danke, dass du mich dazu motiviert hast, dieses Buch zu schreiben, und von Anfang an daran geglaubt hast. Ein Dank geht auch an meine großartige Assistentin Julia Radewald, die mir stets den Rücken freihält, damit ich mich voll und ganz meiner kreativen Arbeit widmen kann. Ich danke meiner Familie und meinen Freund*innen für den großartigen Support in diesem anstrengenden Jahr und danke für euer Verständnis, dass ich mich oft nicht gemeldet habe. Ich möchte ebenfalls meiner lieben Patentante Marina Krauth für jedes Buch danken, das sie mir zum Geburtstag oder zu Weihnachten geschenkt hat. Sie führt eine tolle Buchhandlung in Hamburg, die einen Besuch wert ist: Buchhandlung Felix Jud. Ich möchte auch unseren Babysitterinnen danken, die sich so viele Stunden, während ich vor dem Laptop saß, großartig um unseren Sohn gekümmert haben. Und ein kleines bisschen bin ich für diesen doofen Lockdown dankbar, der mir viel freie Zeit und Ruhe für dieses Projekt gegeben hat, ohne dass ich ständig *FOMO (Fear Of Missing Out)* haben musste.

Der größte Dank gilt dem besten aller Menschen. Meinem geliebten Partner Sebastian, der sich (auch für mich) in das Abenteuer Elternzeit gestürzt und somit maßgeblich dazu beigetragen hat, dass ich mir den Wunsch, mein erstes eigenes Buch zu schreiben, erfüllen konnte. Zu einem – rückblickend – nicht sonderlich gut gewählten Zeitpunkt, dem ersten Jahr mit Baby. Danke, dass du jeden Tag so viel Arbeit geleistet hast, damit ich in Ruhe schreiben konnte. Danke, dass du in den richtigen Momenten meine verrückten Ideen mitträgst und in den richtigen Momenten kritisch hinterfragst. Danke, dass du meine schlechte Laune an unproduktiven Tagen nicht nur hingenommen hast, sondern mich immer wieder mit Umarmungen zwischen Küche und Flur und albernen Witzen aufgemuntert hast. Danke, dass du mich mit Anerkennung, nach dem Lesen einzelner Kapitel, motiviert hast, weiterzumachen. Und danke, dass du mir nach jedem Vormittag, an dem ich mit einem »wieder drei Seiten geschrieben« zu dir kam, die Hand zum Abklatschen hingehalten hast. Das war meine größte Motivation.

ANHANG

Weiterführende Lektüre, Filme, Blogs, Podcasts ...

Hier findet ihr eine Auswahl an weiterführender **Literatur**:

Michael Braungart und William McDonough, Cradle to Cradle – einfach intelligent produzieren, München 2014.

Andrew Brooks, Clothing Poverty – the hidden world of fast fashion and second-hand clothes, London 2019.

Jonathan Safran Foer, Tiere essen, Frankfurt a. M. 2012.

Jonathan Safran Foer, Wir sind das Klima – Wie wir unseren Planeten schon beim Frühstück retten können, Frankfurt a. M. 2019.

Maja Göpel, Unsere Welt neu denken, Berlin 2020.

Paul Hawken (Hg.), Drawdawn – der Plan: Wie wir die Erderwärmung umkehren können, Gütersloh 2019.

Viktoria Heyn, Besser naturbewusst leben – nachhaltig – natürlich – plastikfrei, München 2020.

Stephan Lessenich, Neben uns die Sintflut: Die Externalisierungsgesellschaft und ihr Preis, München 2016.

Luisa Neubauer, Vom Ende des Klimawandels – eine Geschichte unserer Zukunft, Berlin 2019.

Jörg Schindler, Stadt, Land, Überfluss – warum wir weniger brauchen, als wir haben, Frankfurt a. M. 2014.

Nadine Schubert, Noch besser leben ohne Plastik, München 2018.

Oliver Specht und Axel Nauert, Planet Proofed – Wie Sie Ihr Unternehmen nachhaltig und erfolgreich in die Zukunft führen, München 2020.

Dana Thomas, Fashionopolis – the price of fast fashion & the future of clothes, London 2020.

Alan Weisman, Die Welt ohne uns – Reise über eine unbevölkerte Erde, München 2009.

Harald Welzer, Selbst denken – eine Anleitung zum Widerstand, Frankfurt a. M. 2014.

Waldemar Zeiler, Unfuck the Economy – Eine neue Wirtschaft und ein besseres Leben für alle, München 2020.

Es mangelt dir an Motivation oder du willst andere für einen klimaverträglicheren Lebensstil begeistern? Dann müssen ein paar emotionalisierende Bilder her! Wie wäre es mit einem Themenfilmabend? Hier ein paar Vorschläge für mitreißende **Dokumentationen**:

»10 Milliarden – wie werden wir alle satt« (2015), über Population und Ernährung

»2040: Wir retten die Welt!« (2019), über die Zukunft unseres Planeten

»Before the Flood« (2016), Leonardo DiCaprio sucht nach Antworten und Lösungen

»Bottled Life – Nestlés Geschäfte mit dem Wasser« (2012), über Trinkwasser und Plastik

»Chasing Ice« (2012), über den Gletscherschwund

»Cowspiracy« (2014), über die globale Nutztierhaltung

»Die grüne Lüge« (2018), über Greenwashing

»Die Ökonomie des Glücks« (2011), über Globalisierung, Wirtschaftssysteme und Glück

»Earthlings« (2005), über den Konsum von Fleisch und die Nutzhaltung von Tieren

»Eating animals« (2017), über die Lebensmittelindustrie

»Eine unbequeme Wahrheit« (2006), über die globale Erderwärmung

»Fast Fashion – die dunkle Welt der Billigmode« (2021), Doku über Fast Fashion

»Food, Inc.« (2008), über die Lebensmittelindustrie

»Gift auf unserer Haut« (2013), ZDF-Doku über die Lederproduktion

»Immer noch eine unbequeme Wahrheit – Unsere Zeit läuft« (2017), über Al Gores Versuch, die Auswirkungen des Klimawandels einzudämmen

»Inside the garbage of the world« (2016), über die Umweltverschmutzung durch Plastik

»Meat the Truth« (2007), über die globale Nutztierhaltung

»Mein Leben auf unserem Planeten« (2020), Filmografie von David Attenborough

»Minimalism: A Documentary About the Important Things« (2015), über Minimalismus

»More than honey« (2012), über das Bienensterben

»Planet re:think« (2012), über Nachhaltigkeit und Ressourcenverschwendung

»Plastic Planet« (2009), über die Gefahren von Plastik

»Riverblue« (2016), über die Modebranche

»The Human Element« (2018), wie die Elemente und deren Wandel über uns entscheiden

»The Island President« (2012), über den steigenden Grundwasserspiegel

»The True Cost – Der Preis der Mode« (2015), über die Modebranche

»This changes everything« (2015), über die Klimakrise und unser Wirtschaftssystem

»Tomorrow – eine Welt voller Lösungen« (2015), über Lösungsansätze

»Unser Planet« (2019), Netflix-Serie über Naturschutz & Tiere

»Unsere kleine Farm« (2019), über das ökologische Gleichgewicht

»Verdorben« (2018), Serie über die Lebensmittelindustrie

»We feed the world« (2005), über die Massenproduktion von Lebensmitteln

»What the health« (2017), über die gesundheitlichen Folgen tierischer Ernährung

»Zwischen Himmel und Eis« (2015), Suche und Wissen über die Klimageschichte

Eine Liste mit ein paar schönen **vegetarischen und veganen Kochbüchern** zur Motivation und Inspiration:

Adriane Andreas, Vegetarisch! Das Goldene von GU, München 2011.

Marta Dymek, Zufällig Vegan, Berlin 2019.

Anna Jones, The Modern Cook's Year, Berlin 2019.

Jean Christian Jury, Vegan – Das Kochbuch, Hamburg 2020.

Nicole Just, La Veganista, München 2013.

Nina Olsson, Vegetarische Bowls – Schüsseln zum Glück, München 2020.

Yotam Ottolenghi, Genussvoll vegetarisch, München 2011.

Veronika Pich, Zero Waste Kitchen, München 2018.

Sebastian Schwarz und Tamara Münstermann-Pieta, Simply Vegan – Einfach saisonal kochen, Bad Lippspringe 2016.

Yannic Schon und Susann Probst, Krautkopf, Münster 2015.

Ella Woodward (Deliciously Ella), The Plant-Based Cookbook, Berlin 2019.

Bianca Zapatka, Vegan Soulfood, München 2020.

Und ein paar **vegane Foodblogs**, auf denen ständig neue spannende Rezepte zu finden sind:

greenkitchenstories.com
eat-this.org
zuckerjagdwurst.com
veganmom.de
mynewroots.org

Zum Thema **Minimalismus** findet man einiges im Netz. Aber es gibt auch schöne Bücher.

minimalwaste.de
achtsamer-minimalismus.de
estherloveslife.de
reboundstuff.de
minimalismusblog.de
minimalismus21.de

Rachel Aust, Minimal Life – Mit weniger zu mehr, München 2019.

Anna Bronowski, Minimal Fashion – Den eigenen Stil finden, Kleidung bewusst einkaufen und clever kombinieren, München 2018.

Katja Eichinger u. a., Die 100 wichtigsten Dinge – Institut für Zeitgenossenschaft IFZ, Stuttgart 2015.

Joachim Klöckner, Der kleine Minimalist – praktische Erfahrungen für ein befreites glückliches Leben, Salzburg 2018.

Marie Kondo, Magic Cleaning – wie richtiges Aufräumen Ihr Leben verändert, Hamburg 2013.

Ryan Nicodemus, Minimalismus – Der neue Leicht-Sinn, München 2018.

Anuschka Rees, Das Kleiderschrank-Projekt – Systematisch zum eigenen Stil und zu bewusstem Modekonsum, Köln 2017.

Fumio Sasaki, Das kann doch weg! – Das befreiende Gefühl, mit weniger zu leben, München 2018.

Sophia Schillik, Minimalismus – Küche, München 2019.

Hier ein paar **Blogs**, die sich mit **Fair Fashion** und Nachhaltigkeit auseinandersetzen:

viertel-vor.mag
peppermynta.de
diekonsumentin.com
fashionchangers.de
heylilahey.com
nicetohavemag.de
ecowarriorprincess.net

Über **Instagram** influencen immer mehr Menschen zu einem bewussten, achtsamen und nachhaltigen Lebensstil. Hier meine liebsten Accounts:

@naturlandkind
@luisaneubauer
@lauramitulla
@dariadaria
@louisadellert
@besserlebenohneplastik
@justinekeptcalmandwentvegan
@veganistungesund

Wer lieber hört statt liest: Es gibt auch viele **Podcasts** zum Thema Nachhaltigkeit und Umweltschutz.

»1,5 Grad« von Luisa Neubauer
»A mindfull mess« von Madeline Alizadeh (dariadaria)
»Besser leben« auf Bayern 1
»Planet A – Nur mal kurz die Welt retten« auf Audible
»Umwelt und Verbraucher«, Deutschlandfunk
»Mission Energiewende«, Dektor.fm
»King Kong Klima« von Boris Demrovski und Christian Noll
»Don't waste – be happy« von Marijana Braune
»Fairquatsch« von Marisa Becker
»Fairtrade – der Podcast«, Fairtrade Deutschland
»Der Utopia-Podcast – Einfach nachhaltig leben« auf Utopia.de
»ZweivorZwölf« von Andrea Gerhard und David Wehle

Hier eine Liste meiner persönlichen **Lieblingsmarken**, nach Kategorien geordnet. Mehr findet ihr auf meinem Blog *www.fairknallt.de*.

Meine fünf Lieblingsmarken
Jan 'n June
Armedangels
The Reformation
Filippa K.
Sabinna

Leihen statt Kaufen
Stay-awhile
RE-NT Revolution
Tchibo Share
Unown Fashion
Mud Jeans
(hier könnt ihr Jeans leasen)

Secondhand
Burggasse 24
Vino Kilo
Neuzwei
Pick 'n weight
Onimos Vintage
FYT Vintage

Business Wear
Souldaze Collection
Rhumaa
Brachmann
Mio Martha
Natascha von Hirschhausen
By Maqu

Streetwear
Rotholz
Ecoalf
HundHund
Dedicated

Denim
Kings of Indigo
Nudie Jeans
Mud Jeans
Haikure

Kleider
Lana Organic
King Louie (nicht alle Sachen werden aus ökologischen Materialien hergestellt)
Lanius
The Reformation
CUS

Basics und Allrounder
Lanius
mela wear
Sanikai
Gruene Erde
Hessnatur
Greentee
SKFK
asket

Underwear
Underprotection
Mey
Anek.
CALIDA
Erlich Textil
Dilling Underwear
Organic Basics
Aikyou (spezialisiert auf
BHs für kleine Oberweiten)

Leggins und Socken
Swedish Stockings
Kunert Blue (nicht
alles wird nachhaltig
produziert)
Wolford (nicht das
gesamte Sortiment,
ausschließlich C2C-
Kollektion)
Qnoop
ThokkThokk

Boots, Heels etc.
Alina Schuerfeld
Nae Vegan Shoes
Noah Vegan Shoes
Nine To Five
Beyond Skin
Tassel Tales
Mireia Playa

Sneaker
ekn footwear

Ethletic
Veja

Strick
Maska
Babaa
Gruene Erde
Hessnatur

Jacken
Embassy of Bricks and Logs
LangerChen
Lanius
Finisterre

Outdoor und Sport
Patagonia
VAUDE
Pyua
Picture Organic Clothing
Finisterre

Sport- und Yogabekleidung
Mandala Yoga
OGNX
Hey Honey
Tassel Tales Yogawear

Swimwear
MyMarini
Reset Priority
Now Then
Margaret & Hermione

Taschen und Rucksäcke
O my bag
Freitag
Mimycri
GOT Bag
Grünbag
mela wear
Matt Nat
Alexandra Svendsen
Nuuwai
Nux
Faulhaber

(Sonnen)Brillen
Viu Eyewear
Neubau Eyewear
Kerbholz
Moken Vision
Parafina
Gobi Amsterdam

Maternity
Nove
Boobdesign

Dr. Nos Favorite Männerbrands
Kings of Indigo
Knowledge Cotton Apparel
HundHund
Carpasus
Brava Fabrics
Frisur Clothing

Rhumaa
Armedangels
ekn footwear
Broadway and Sons (2nd Hand)

Große Größen
Hessnatur
Thought Clothing
Nomads
Kitty Ferreira
Matilda & Matilda
Enna Plus von Waschbär
Make Monday Sunday

Schmuck
Vieri
Lilian von Trapp
Fremdformat
Folkdays
Jukserei
Animazul
Nina Kastens
A beautiful story
The Boyscouts

Bridal
Natascha von Hirschhausen
Johanna Junker
Sister Organics
Elementar Brautmoden
Lilly Ingenhoven
Marcel Ostertag
Mother of Pearl

Indie Bride
Leila Hafzi

Secondhand Bridal
Anna liebt Paul
Entstaubt
Fräulein Weiss
Still White
Brautmoden Verleih
Paschke
Marry Me Verleih

Red Carpet und Couture
Marcel Ostertag
Julia Leifert

Lilly Ingenhoven
Stella McCartney
Chafor

**Empfehlenswerte
nachhaltige Kollektionen
von großen Herstellern**
Tchibo
Filippa K.
Trigema

QUELLEN

Einleitung

Glück, vgl. Artikel zum Thema auf https://www.spiegel.de/wirtschaft/soziales/reichtum-studie-60-000-euro-jaehrlich-reichen-fuer-vollendetes-glueck-a-716132.html, veröffentlicht am 7. September 2010.

Ältere verzichten mehr, vgl. Artikel zum Thema auf https://www.wupperinst.org/a/wi/a/s/ad/5199, veröffentlicht am 17. November 2020.

Planet 2050, vgl. Artikel zum Thema auf https://utopia.de/klimawandel-prognose-2050-142678/, veröffentlicht am 7. Juni 2019.

Kapitel 1

10.000 Gegenstände besitzt ein*e Europäer*in, vgl. Artikel zum Thema auf https://www.sueddeutsche.de/leben/moderne-sammelwut-wenn-besitz-zur-last-wird-1.1089089, veröffentlicht am 26. April 2011.

Quadratmeter pro Person, vgl. Artikel zum Thema auf https://www.focus.de/immobilien/mieten/grosser-statistik-vergleich-von-rentner-wohnungen-koennen-millionen-nur-traeumen_id_7798196.html, veröffentlicht am 3. April 2019.

Kapitel 2

Deutsche Reiseweltmeister, vgl. Artikel zum Thema auf https://www.hogapage.de/nachrichten/wirtschaft/tourismus/tourismusanalyse-2019-die-deutschen-sind-reiseweltmeister/, veröffentlicht am 8. Februar 2019.

Klimapaket, vgl. Artikel zum Thema auf https://www.spiegel.de/wirtschaft/soziales/klimapaket-der-bundesregierung-verfehlt-ziele-ministerien-gutachten-a-e1c80079-7bc7-4521-b05f-3382695cf101, veröffentlicht am 4. März 2020.

Kapitel 3

Bangladesch heute, vgl. Artikel zum Thema auf https://fashionunited.de/nachrichten/business/sieben-jahre-spaeter-hat-rana-plaza-die-modebranche-auf-covid-19-vorbereitet/2020042435404, veröffentlicht am 24. April 2020.

Kapitel 4

Elektroautos, vgl. Artikel zum Thema auf https://www.isi.fraunhofer.de/de/presse/2019/presseinfo-07-elektroautos-klimabilanz.html, veröffentlicht am 14. März 2019.

Kapitel 5

Recyceltes Polyester, vgl. Artikel zum Thema auf https://fashionunited.de/nachrichten/mode/wie-nachhaltig-ist-recyceltes-polyester-wirklich/2018120330207, veröffentlicht am 3. Dezember 2018.

Mikroplastik und Klimagase, vgl. Artikel zum Thema auf https://www.deutschlandfunk.de/klimawandel-plastikmuell-im-meer-verursacht-treibhausgase.676.de.html?dram:article_id=431970, veröffentlicht am 31. Oktober 2018.

Hormonell wirksam, vgl. Artikel zum Thema auf https://www.umweltbundesamt.de/themen/wasser/gewaesser/meere/nutzung-belastungen/muell-im-meer, veröffentlicht am 29. September 2015.

Vorsorge-Prinzip, vgl. Artikel zum Thema auf https://www.umweltbundesamt.de/vorsorgeprinzip, veröffentlicht am 21. Januar 2021.

Kapitel 6

Karmin aus Läusen, vgl. zum Thema: https://vegggi.de/was-ist-karmin/.

Tierversuche, vgl. zum Thema: https://www.tierschutzbund.de/information/hintergrund/tierversuche/kosmetik/

Zufriedenheit Schönheit, vgl. Studie zum Thema auf https://www.splendid-research.com/de/statistiken/item/studie-zufriedenheit-aussehen-und-schoenheitsoperationen.html.

Wie viel Naturkosmetik, vgl. Artikel zum Thema auf https://naturalbeauty.de/fakten/naturkosmetik/naturkosmetikmarkt-2019/, veröffentlicht am 26. März 2019.

Kapitel 7

Wie viele Tiere in 20 Jahren, vgl. Statistik zum Thema auf https://www.worldsoffood.de/specials/was-isst-deutschland/item/3164-statistik-so-viel-fleisch-isst-deutschland.html.

Schlachtung Milchkuh, vgl. Beitrag zum Thema auf http://webstory.zdf.de/tierfabrik-deutschland/billige-milch-und-die-schlachtung-traechtiger-hochleistungsrinder/.

Kälberlab, vgl: https://de.wikipedia.org/wiki/Lab.

Treibhausgas Methan, vgl. Artikel zum Thema auf https://www.br.de/klimawandel/kuh-kuehe-rind-rinder-methan-klima-landwirtschaft-treibhausgase-100.html, veröffentlicht am 25. März 2019.

Kapitel 8

Wohlstand führt zu höherem CO_2-Verbrauch, vgl. Zahlen des Statistischen Bundesamts auf https://www.umweltbundesamt.de/daten/private-haushalte-konsum/strukturdaten-privater-haushalte/einkommen-konsum-energienutzung-emissionen-privater#berechnung-der-globalen-umweltinanspruchnahme-des-konsum, veröffentlicht am 11. März 2021.

Kapitel 9

Textilfabrikbrand in Pakistan, vgl. Artikel zum Thema auf https://lieferkettengesetz.de/fallbeispiel/made-in-pakistan/.

Kinderarbeit, vgl. Artikel zum Thema auf https://lieferkettengesetz.de/fallbeispiele/.

Stornierung Aufträge wegen Corona, vgl. Artikel zum Thema auf https://www.faz.net/aktuell/wirtschaft/textilbranche-in-der-corona-pandemie-naeherinnen-hungern-17102357.html, veröffentlicht am 16. Dezember 2020.

Bundestagswahl Wahlbeteiligung, vgl.: https://de.wikipedia.org/wiki/Bundestagswahl_2017.

Wolfgang Schäuble, zum Thema auf: https://www.tagesschau.de/multimedia/video/video-705507.html, veröffentlicht am 22. 05. 2020.

Kapitel 10

smarte Ziele, zum Thema vgl.: https://karrierebibel.de/smart-methode/.

Bildteil

Alufolie, vgl. Artikel zum Thema auf: https://bne-sachsen.de/2018/03/06/was-alufolie-mit-uns-und-der-umwelt-macht/, veröffentlicht am 6. März 2018.

BILDNACHWEIS

Ich danke den folgenden Fotograf*innen und Personen für ihre tolle Arbeit und die Bilder im Innenteil dieses Buches:

Marie Hochhaus, www.mariehochhaus.de

Nikk Martin, www.nikkmartin.com

Andrea Nasemann

Sebastian Tigges

Norian Schneider

Moritz Nasemann

»Die Königin der Nachhaltigkeit«

Madeleine Alizadeh, im Internet als Dariadaria bekannt, beschäftigt sich mit all den kleinen großen Fragen: Ist mein Leben erfüllt? Was ist mir wichtig und wie stehe ich dafür ein? Wie kann ich in einer Welt, die von Krisen beherrscht wird, optimistisch bleiben? Sie zeigt, wofür es sich zu kämpfen lohnt, mit Mut einzustehen: Für Feminismus und Gleichberechtigung, gegen Klimawandel und rechte Hetze. Gleichzeitig stark und weich zu sein ist dabei kein Widerspruch, sondern eine authentische Möglichkeit, der Welt zu begegnen und ein liebevolles und reflektiertes Miteinander zu schaffen.

Madeleine Alizadeh (dariadaria)
Starkes weiches Herz
Wie Mut und Liebe unsere Welt verändern können

Taschenbuch
Auch als E-Book erhältlich
www.ullstein.de

ullstein

GEMEINSAM GEGEN PLASTIK!

Der Kampf gegen Plastik ist DIE ökologische Herausforderung des 21. Jahrhunderts. Millionen Tonnen an Kunststoff verschmutzen die Weltmeere und töten unzählige Tiere. Das hat schlimme Konsequenzen für das gesamte ökologische System – und auch für den Menschen. Die gute Nachricht: Jede*r Einzelne kann dazu beitragen, dass sich das ändert. Denn überall lässt sich ganz einfach Plastik vermeiden. Will McCallum ist Leiter der Meereskampagne bei Greenpeace und zeigt uns in seinem Ratgeber anschaulich, was wir zu Hause und in unserer Umgebung verändern können, um ein Teil der weltweiten Bewegung gegen Plastik zu werden.

Will McCallum
Wie wir Plastik vermeiden
...und einfach die Welt verändern

Ratgeber
Aus dem Englischen von Thomas Pfeiffer
und Martin Bayer
Hardcover
Auch als E-Book erhältlich
www.ullstein.de

Raus aus der Gegenwartsfalle

Das anrollende Klimachaos, die zunehmenden Konflikte zwischen Arm und Reich und die Polarisierung unserer Gesellschaften zeigen deutlich: Weitermachen wie bisher ist keine Option. Das Wohlstandsmodell des Westens fordert seinen Preis. Die Wissenschaft bestätigt, dass wir um ein grundsätzliches Umdenken nicht herumkommen. Das Buch veranschaulicht, welche Denkbarrieren wir aus dem Weg räumen sollten, um künftig klüger mit natürlichen Ressourcen, menschlicher Arbeitskraft und den Mechanismen des Marktes umzugehen – jenseits von Verbotsregimen und Wachstumswahn.

Maja Göpel
Unsere Welt neu denken
Eine Einladung

Hardcover
Auch als E-Book erhältlich
www.ullstein.de

ullstein